다문화가족 학부모를 위한 가이드 북

多文化家庭学生家长指导手册

(주)교육과세상

들어가는 말

1990년대 이후 국제결혼의 양적 팽창이 이루어지면서 다문화가정이 급증하고 있습니다. 국제결혼으로 이루어진 다문화가정은 서로 다른 문화적 배경을 가지고 있기 때문에 한국생활의 초기 적응에 있어서 정신적, 신체적으로 많은 갈등이 나타나게 됩니다. 그중에서 가장 어려운 것이 언어 소통의 문제로 여성결혼이민자 자신만의 문제가 아니라 자녀 양육에서도 많은 어려움을 겪고 있는 것이 현실입니다.

대한민국에 사는 모든 어린이들은 만6세가 되면 누구나 초등교육을 받아야 할 의무가 있습니다. 자녀의 원만한 학교생활을 도와주며, 자녀의 잠재력과 가능성을 키워 주는 현명한 학부모가 되기 위해 많은 노력이 필요할 때에 다문화가정의 어머니들은 언어소통의 문제로 자녀들과의 대화부족 · 취학관련 정보부족으로 불안감이 가득합니다.

이러한 문제점을 조금이나마 덜어 주기 위해 초등학교 1학년 취학 자녀를 둔 다문화가정의 학부모를 위한 가이드북을 자국어로 번역 제공함으로써 학부형이 된다는 설렘에 대해 아이에 대한 기대와 교육에 대한 자신감을 가질 수 있는 기회가 되고자 합니다.

교재구성은
첫째마당에서는 취학 준비시기에 알아야 할 내용
둘째마당은 취학 전 길러줘야 할 생활습관
셋째마당은 취학 전 알아야 할 학습내용
넷째마당은 취학 후 알아야 할 내용
다섯째마당은 도움이 되는 정보로 구성하였습니다.

초등학교 1학년은 학부모님의 관심이 많이 필요로 하는 시기입니다. 아이 스스로 문제를 해결할 수 있도록 올바르고 일관된 방향으로 교육 하며, 다른 사람들과 더불어 사는 방법을 배울 수 있도록 함과 동시에 경험과 체험을 통해 학습에 대한 흥미를 유발할 수 있도록 자녀를 이끌어 줄 수 있는 현명하고 지혜로운 다문화 가정의 학부모가 되시는데 도움이 되기를 바랍니다.

首语

自1990年后，随着国际婚姻的热潮不断膨胀，多文化家庭的数量迅速激增。由国际婚姻而来到韩国所组成的多文化家庭中，夫妻双方由于拥有不同的文化背景，非本国国民的一方刚来到韩国，生活初期无论在身体上还是精神上，都有许多不适应的地方。其中最困难的方面不仅是由于语言沟通不便而给女性结婚移民者自身带来的种种问题，而且在现实生活中，子女的教育问题也存在着很多困难。

在韩国生活的所有满6岁的儿童，都有接受小学教育的义务。为了能够成为帮助子女圆满完成学校生活的父母，在很多需要帮助的时候，多文化家庭的妈妈们由于语言障碍所造成的跟子女沟通不足、就学相关信息了解不足的问题就会不时出现。

为了能够更有效地解决以上可能出现的问题，在此为家里有即将进入小学1年级的多文化家庭学生家长们提供一本以本国语言编制而成本指导手册，我们期望以此书为各位家长们提供一个增强孩子教育自信心的良好机会。

教材组成

第一部分　入学准备阶段须知
第二部分　入学前需养成的生活习惯
第三部分　入学前需了解的学习内容
第四部分　入学后需了解的内容
第五部分　有用信息

在此希望能够为小学1年级的学生家长们提供一定的指导和帮助。也希望大家能够在本书的指导下，努力培养孩子们在一贯性的教育下自我解决问题的能力；在学习其他家庭生活方法和方式的同时，通过丰富自己的经历和生活体验，激发子女的学习兴趣，给子女的学习指引一条正确的道路。

차례

次序

취학 준비시기에 알아야 할 내용

2009학년도부터는 취학 기준일이 1월 1일로 변경되어 1월 1일생부터 12월 31일생까지 한 학년에 입학하게 됩니다. 즉, 2010년에 입학이 가능한 아이는 2003년 1월 1일생부터 2003년 12월 31일생입니다. 2003년 1,2월 생 중 입학 유예를 했던 아이들과 2004년도에 태어났지만 조기 입학을 희망하는 아이도 함께 입학할 수 있습니다.

학부모들은 취학 적령기 전후 1년 범위 내에서 교장선생님의 심사 없이도 취학 선택권을 결정 할 수 있게 됨으로서 부모의 책임이 커져 신중하게 결정해야 합니다.

만약 조기입학이나 입학유예를 원한다면 학부모가 10월 1일부터 12월 31일까지 관할 주민자치센터에 신고하여야 취학 통지에 포함시켜 주거나 제외시켜 줍니다.

1. 취학통지서

1월 말에서 2월 초 사이에 취학 통지서를 나누어 줍니다

취학 통지서는 아이가 학교에 갈 나이가(만 6세) 되었다는 것을 알리는 문서입니다. 취학 학교가 정해지면 각 읍·면·동사무소에서는 '취학 학교, 예비 소집일, 입학식 날짜' 등이 적힌 취학 통지서를 1월 말부터 2월 초에 취학 대상 아동이 있는 가정에 나누어 줍니다.

만약 이 기간에 취학 통지서를 받지 못했다면 읍·면·동사무소에 꼭 확인해야 하며 각 가정으로 배부된 취학 통지서는 잘 관리했다가 예비소집일에 학교에 제출해야 합니다.

또한, 취학 통지서를 받으면 2월 10일을 전후해 있는 신입생 예비소집과 3월 초에 있는 입학식 날짜를 꼭 기록해 둬서 빠지는 일이 없도록 해야 합니다.

入学准备阶段须知

自2009年开始，入学基础日调整为1月1日，凡是1月1日至12月31日出生者归为一个入学年度。即：2010年有入学资格的学生为2003年1月1日至2003年12月31日出生者。2003年1，2月出生但在上一年度推迟入学的学生以及2004年出生但希望提前入学的学生均可在2010年度入学。

学生家长在入学适龄前后1年范围内，无需经过校长审核，都拥有入学选择权，请家长们认清学生入学的责任所在，慎重选择。如果希望提前入学或者推迟入学，家长们须在10月1日至12月31日期间向所在管辖区内的住民自治中心（洞事务所）申请，以便进行入学通知书的发放工作。

1．入学通知书

1月底到2月初进行入学通知书的发放工作。

入学通知书是将学龄儿童（满6岁）可以入学的信息进行通报的文书。所在辖区的邑、面、洞事务所将会于1月底到2月初，将包含"入学学校、新生预备与召集日、入学典礼日"等信息的入学通知书发放至有适龄入学儿童的家中。

如在此期间内由于种种原因没有收到入学通知书，请务必向所在辖区的邑、面、洞事务所进行确认并索取。发放至各户的入学通知书请妥善保管，入学预备与召集日时提交给就读小学。

另外，收到入学通知书后，请确认2月10日前后召开的新生预备召集日和3月初召开的入学典礼日的具体日期，并确保能够准时参加。

취 학 통 지 서

발행번호:　　　　호

주 소	○○시 ○○동 112번지 ○○아파트 ○○동 ○○호
보호자성명	
취학아동성명	
주민등록번호	
취학학교	○○초등학교
예비소집일시	****. 01. 21　　　　14:00
입 학 일 시	****. 03. 02　　　　11:00
등 록 기 간	

위 아동은 초·중등 교육법 제13조에 의하여 아래 학교에 배정되었사오니 소정 일시에 등교 취학시키시기 바랍니다.

20**년　12월　**일

○○○○장 (인)

入学通知书

发行号码：　　　号

地　　　址	**市**洞112分区**小区**栋**号
家长姓名	
入学儿童姓名	
住民登陆证号码	
入学学校	** 小学
入学预备与召集日	****年01月21日　14：00
入学日期	****年03月02日　11：00
注册时间	

根据中小学教育法第13条要求，请于规定日期至本校报到入学。

20** 年12月**日

****小学校长　（印）

2. 취학 유예

초등학교에 입학할 연령이 되었지만 아동이 또래보다 몸이 왜소하거나 발달이 더딘 경우에는 취학 유예를 고려할 수도 있습니다. 취학을 유예하려면 보호자는 사유를 증명할 수 있는 서류(진단서 등)와 함께 취학 유예 신청서를 취학 예정 학교장에게 제출해 취학 유예 허가를 받아야 합니다. 그리고 취학 유예 결정을 받으면 주민자치센터에도 반드시 알려야 합니다.

유예기간은 1년이며 특별한 이유가 있을 때에는 재차 유예할 수 있습니다.

3. 조기 입학

자녀를 조기 입학시키려면 관할 교육청이나 인근 학교에 자녀가 입학할 수 있는지 문의해야 합니다. 준비할 서류는 조기입학 신청서와 주민등록등본이며 신청서는 학교에 준비되어 있습니다. 교육청과 학교는 보호자의 조기 입학 희망 의사를 확인한 뒤 아이가 초등학교 교과과정을 수용할 수 있는지에 대한 간단한 면접 등을 거쳐 생년월일 순으로 입학을 허용하게 됩니다.

조기 입학이 확정되고 난 후에는 자녀 앞에서 부모가 걱정하는 태도를 보여서는 안 됩니다. '너는 나이는 어리지만 학교에 가서 공부 할 자격이 있어.' 라는 말을 자주 해주어서 자녀가 자신감을 가질 수 있도록 해야 합니다.

4. 신입생 예비소집

입학식 이전에 치르는 신입생 예비 소집이 이루어지며 가입학식이라고도 합니다. 입학 전에 취학 아동을 확인하고 학부모와 학생이 알아야 할 유의 사항을 전달하는 행사입니다. 하지만 공식적인 행사가 있는 것은 아니며, 취학 통지서를 제출한 다음 유인물을 받고 자녀와 함께 학교를 둘러보는 정도입니다.

예비소집일에 학교에 가서 먼저 동별로 마련된 접수창구에 취학통지서를 내고 성별, 오자, 탈자 등을 확인 받고 유인물을 받습니다.

이 유인물에는 학교장의 인사말, 교훈, 교가 · 교표 · 교목 · 교화 등 소개, 학교 연혁 소개, 입학식 안내, 입학 초기의 가정 지도 및 학부모 유의사항, 입학 후 학교생활 안내 등이 간략하게 적혀 있습니다. 이 날은 학교 배치도를 보고 자녀와 함께 학교 운동장과 자녀가 공부하게 될 1학년 교실, 특별실, 화장실 등을 둘러보는 것이 좋습니다.

2．推迟入学

小学适龄儿童由于身体瘦小或其他身体不适的原因，可推迟入学。如申请推迟入学，则需家长将可证明的文件（诊断书等）以及入学推迟申请书提交给预定入学学校的校长以获得许可。获得入学推迟许可后请务必告知所在辖区的住民自治所。

推迟时限为1年，如有特殊情况可作特殊考虑。

3．提前入学

如要提前入学，必须向所在教育厅或临近学校咨询是否还有入学名额。需准备的材料为校方提供的提前入学申请书（由学校提供）和住民登陆誊本（户口本）。教育厅和学校针对学生家长提出的提前入学申请进行核实确定后针对学生是否有能力接受小学教育等简单问题进行面试，然后根据出生年月顺序确定是否录取入学。

如确定被录取，学生家长应该在学生面前摆正姿态，不应常以担心的态度来面对孩子，而应该告诉他们虽然未到入学年纪，但是他们也具有了在学校学习的能力和资格，以此来增强孩子的自信感。

4．新生预备与召集

入学典礼前新生预备召集有时也被称为"假入学典礼"。此次活动就是在入学前先确定一下已经被录取的学生然后将一些注意事项告知学生和学生父母。但因为不是正式的活动，只是进行一些简单的活动，例如将入学通知书提交给校方，领取一些印刷品材料、以及和子女一起熟悉校园等。

预备召集日当天，先按照不同的居住场所（不同的洞）在相应窗口递交入学通知书，确认性别、以及名字中是否有缺字错字后方可领取校方提供的印刷品材料。

印刷品材料包括校长致词、校训、校歌、校标、校树、校花、校龄等介绍、入学典礼指导、入学初期家庭指导以及学生家长注意事项、入学后学校情况介绍等内容。这一天学生家长可以参考学校配置图领着子女参观运动场、1年级教室、特别室、洗手间等地。

5. 입학식과 반 배정

입학식 날 정해진 시간 내에(예비소집시 확인) 아동과 학부모가 학교에 도착해서 아동의 반 배정 표를 확인 한 후 반 팻말 앞에 서 있으면 담임선생님이 나옵니다. 담임선생님은 한 사람씩 반가운 인사를 나누고 아동들에게 이름표를 달아 주며 출석을 확인합니다. 이 때 선생님이 자기 이름을 부르면 "예"하고 크게 대답할 수 있도록 부모가 미리 집에서 아동을 지도해 줘야 합니다.

입학식 순서는 국민의례, 입학 허가 선언, 교장 선생님의 환영 인사와 함께 간단한 당부의 말을 전합니다. 식이 끝나면 각 반마다 담임선생님의 인사가 이어지고 여러 가지 주의 사항을 알려 줍니다. 그리고 담임선생님은 학부모들에게 주간 학습 계획표와 함께 가정환경 조사서를 나눠 주고 아동들을 귀가 시킵니다.

반 배정은 학교마다 조금씩 다르지만 성별, 주거지별, 생년월일, 이름순서 등이 기준이 되며, 다양한 구성원을 고루 배치한다는 것입니다.

반 배정의 발표는 학교마다 다르지만 보통 예비 소집이 끝나고 아동들의 취학 확인이 끝나는 2월 말경에 발표가 됩니다. 대부분 입학식 당일에 배정된 반을 알려 주고 담임선생님을 소개하는데, 학교에 따라 홈페이지나 우편물을 통해 미리 알려 주기도 합니다.

6. 입학 전 건강 확인

입학하면서 학생 건강 기록부에 기록해야 할 항목들이 많이 있습니다.

학생 건강 기록부에는 취학 전 소아마비, 디프테리아, 파상풍, 백일해, 홍역 결핵, B형 간염, 일본뇌염 등의 접종 여부를 반드시 기록하게 되어 있습니다.

초등학교에 입학할 아이들은 새로운 학교생활에 적응하느라 신체적으로 큰 부담이 됩니다. 따라서 부모들은 아이들이 성공적인 학교생활을 보낼 수 있도록 사전에 준비를 해야 합니다.

1) 취학 전에 반드시 마쳐야 할 예방 접종

소아마비 2차 추가 접종과 DPT(디프테리아, 백일해, 파상풍)접종을 완료해야 합니다. 또한 BCG, B형 간염, MMR(홍역, 볼거리, 풍진), 일본 뇌염 등의 예방접종도 받아야 합니다.

2) 취학 전 해야 할 건강검진

부모들은 취학 전에 우리 아이들이 학교에 대해서 얼마나 많은 스트레스를 받고 있는지, 학습에 장애가 되는 정서적인 문제는 없는지, 시력이나 면역력 등 신체에 이상이 없는지 꼼꼼히 살펴보아야 합니다. 특히, 시력과 청력 검사는 필수이며 정기적인 치과 검진을 통해 영구치가 잘 나고 있는지, 충치는 없는지 살펴봅니다. 또, 아이들의 집중력을 떨어뜨릴 수 있는 축농증은 취학 전 치료가 필요합니다.

5. 入学典礼和分班

在入学典礼召开前（在预备召集时确定），家长可带学生在确定班级位置后，在班级门前木牌前稍作等候，即会有班主任老师出来迎接。班主任老师和学生认识后，点名确定出勤情况。这时如果老师叫到某个学生的名字，这个学生大声回答"到"即可。各位家长可以针对上述情况预先在家中指导学生练习。

入学典礼的顺序为：国民仪式、入学合格宣言、校长致欢迎词以及一些简单的嘱咐语。典礼结束后，每个班的班主任老师还会介绍一些注意事项。另外，老师还会给学生家长每周的学习计划表以及家庭环境调查表，然后学生即可放学回家。

分班情况虽然根据学校的不同而有所不同，但大多是根据性别、居住地、出生年月、姓名等为基础，经过多方面综合考虑而制定的。

分班公布的日子虽然也是少有不同，但一般是在预备召集后，儿童入学确定后2月末左右进行公布。大部分是在入学典礼当天进行分班公布并介绍班主任老师。有些学校也会在学校网站或者用平信的方式提前通知。

6. 入学前身体检查

入学的同时，需要在健康表上进行记录的事项也非常繁多。在入学前，必须在学生健康表上记录的事项包括：小儿麻痹、白喉、破伤风、百日咳、麻疹结核、乙肝、日本脑炎等疫苗是否已经接种。初入小学的学生因为受到新环境改变的影响，在身体方面会有很多的挑战。请家长们尽量协助学校做好以下工作：

1）入学前必须进行的疫苗接种

学生必须完成小儿麻痹第二次加种和DPT（白喉、破伤风、百日咳）的疫苗接种。另外，BCG、乙肝、MMR（麻疹、腮腺炎、风疹）、日本脑炎等疫苗也需要进行接种。

2）入学前必须完成的健康检查

入学前、家长们需要细心观察孩子对于入学是否有各种心理压力、学习上是否存在疑难障碍、视力和免疫力是否正常等。另外，在必须进行视力和听力检查的同时，定期的牙齿健康状况包括是否有永久齿、虫齿等的检查也是必须的。另外，容易导致注意力不集中的鼻窦炎也应在入学前及时治疗。

7. 취학준비물

취학준비물을 구입할 때에는 예비소집 때 나누어 주는 안내문과 입학 후 배부되는 주간 학습 계획표를 참고하는 것이 좋습니다. 입학 후 한 달간의 학교적응기간에 준비해도 늦지 않으며 준비하고자 한다면 먼저 나름대로 필요한 목록과 수량을 정해야 합니다. 준비물을 구입 할 때는 아동과 함께 다니면서 챙기는 것도 자녀 교육의 한 방법이며, 아동이 가지고 다녀야 할 모든 물건에는 반드시 이름을 써야 합니다. 교과서, 공책은 물론이고 연필, 색연필, 크레파스, 등은 낱개마다 이름을 써 붙이는 것이 좋습니다. 가방, 자. 지우개, 실내화, 운동화, 열쇠, 악기, 우산 등에도 유성 팬이나 견출지를 이용해 이름을 쓰도록 합니다. 이때 책임감을 길러 주기 위해 아동 스스로 자신의 이름을 써서 붙이게 하는 것이 좋습니다.

1) 책가방

책가방은 무엇보다 아동들이 들고 다니기에 가볍고 편해야하며 튼튼한 것을 골라야 합니다. 어깨 끈이 제대로 박음질 되어 있는지 확인하고 바닥에 닿는 부분의 마감처리가 잘 되어 있는 것과 통풍이 잘 되는 소재와 비 오는 날을 대비해 방수 처리가 되어 있고 눈에 잘 띄는 밝은 색을 고를 필요가 있습니다. 바퀴가 달린 책가방도 좋으며, 책, 공책, 필통이 충분히 들어갈 만한 크기로 A4파일 정도의 높이가 되면 적당합니다. 디자인이 복잡하거나 장식이 많은 것은 금물, 등받이가 있어서 책상 옆에 세워 놓아도 넘어지지 않는 것이 좋습니다. 가방에 나뉘는 칸은 작은 문구류와 소지품을 넣을 수 있는 여분의 분리 공간이 있고 외부에 작은 주머니가 있으면 좋습니다.

2) 신발

신발은 가볍고 신고 벗기에 편한 것이 좋으며 실내에서 신는 하얀 실내화도 필요합니다. 신발은 양말을 신은 상태에서 불편하지 않게 꼭 맞는 것을 고르는 게 좋습니다. 조금 더 오래 신기려고 큰 신발을 사 주면 뛰다가 넘어지기 쉽습니다. 어차피 1년에 2~4개의 신발을 사용하기 때문에 미리 두개를 구입하여 교대로 신기는 것도 요령입니다. 신발을 번갈아 신게 하면 조금은 더 오래 깨끗하게 신을 수 있습니다.

3) 신발주머니

책가방과 세트로 나온 것을 그대로 쓰셔도 괜찮습니다. 아이가 조금 불편해하면 근처 문구점에서 1,000원~3,000원대의 주머니형 신발주머니를 따로 구입하셔도 됩니다. 신발장이 있는 학교는 준비하지 않아도 되므로 미리 알아보고 구입해야 합니다.

7．入学准备物品

入学准备物品的采购时，参照预备召集日颁发的指导内容以及入学后学校颁发的每周学业计划表进行购买即可。入学后1个月为学校生活适应期，届时再进行物品的采购准备也为时不晚，在此之前只需要认真核对需要采购的内容目录和数量即可。物品采购时最好与孩子同行，让孩子自行准备也是一种好的教育。孩子所有携带的物品都应标注上孩子的姓名，教材、本子、甚至铅笔、彩笔、蜡笔等如果能够写上姓名的话也应尽量标注。另外，书包、尺子、橡皮、室内鞋、运动鞋、钥匙、乐器、雨伞、油性笔等物品上面也要尽量地标注。标注姓名这样的简单行为也可以一点一点得增强孩子们的责任感和自信心。

1）书包

书包是学生最经常使用的物品，因此在采购应以轻便、方便、结实为标准选择。在选购时，应仔细检查肩部的肩带是否结实没有脱线、书包底侧是否缝制良好、是否采用了通风透气的材料而制成、雨天是否有防水功能等，并且一定要选用色彩鲜明的颜色。另外，带有轮子，行走时可以拖拉的书包也不失为一个好的选择，书包的大小要能够有足够的空间可以放进去书、本子和笔筒，高度大概以能够装进A4文件夹袋为宜。太复杂的设计、带有太多装饰品的书包以及不方便竖立放在桌子边上的书包都不是好的选择。另外，书包的选择还应该考虑到里侧有尽可能多的放置各类学习用品的小格兜，外侧也以有小口袋的设计为宜。

2）鞋子

鞋子应选择行走舒适、穿脱方便的类型，在室内专门使用的白色室内鞋也必不可少。鞋号的选择应以穿上袜子后行走方便、不大不小正合适为宜，如果选择过大的鞋子则很容易导致孩子们在奔跑中摔倒。一个学生一年大概会使用2-4双鞋，因此一般先期购买两双，能够轮换着交替使用最好，鞋子轮换使用的话还可以在一定程度上延长鞋子的使用寿命。

3）鞋袋

一般在购买书包的时候会有配套的袋子赠送，如果这样的袋子不合适的话，也可在附近的学生用品店里花1000-3000块韩币购买装鞋的袋子。请先预先确定学校是否提供了放鞋的鞋架，如果提供则不购买也无妨。

4) 연필

아이가 아무리 글씨를 잘 쓰려고 해도 잘 쓰기 어려운 단계입니다. HB보다는 부드러운 2B 연필이 좋습니다. 샤프나 볼펜은 바른 글씨체를 정착시키는데 도움이 되지 않기 때문에 준비하지 않는 것이 좋습니다. 요즘 아이들이 컴퓨터를 많이 하다 보니 글씨를 잘 쓰는 아이들을 찾는 게 힘들 정도입니다. 글씨를 잘 못 쓴다고 해서 굳이 야단을 칠 필요는 없습니다. 다른 집 아이들도 거의 비슷하기 때문입니다. 연필은 다섯자루 이상을 잘 깎아 필통에 넣어 주시기 바랍니다. 글씨를 쓰다가 장난을 치면 심이 부러질수 있고 친구의 칼을 빌려 스스로 깎아 보려고 하다가 손을 다치는 경우가 생깁니다. 미리 충분할 만큼 준비하여 필통에 넣어 주는게 좋습니다.

5) 필통

요즘 학교에서는 철제 필통은 금기시 되고 있습니다. 떨어뜨리면 요란한 소리가 나면서 안의 내용물이 사방으로 흩어져 면학분위기를 어지럽히기 때문입니다. 골고루 넣을 수 있고 흔들릴 때 소리가 나지 않는 헝겊 필통 류가 좋습니다. 처음부터 비싼 필통을 사주기보다는 차라리 쓰기 편한 헝겊 필통에 연필꽂이까지 있는 것을 사 주는 것이 좋습니다.

6) 책받침

요즘에는 책받침을 판매하지 않는 문구점이 많이 있습니다. 오래전에는 노트의 질이 좋지 않아 아이들이 힘을 주어 글씨를 쓰거나 지우개를 지울 때 찢어지는 경우가 많았지만 지금은 굳이 책받침을 대지 않아도 글씨를 쓸 때 아무 지장이 없습니다. 다만 아이가 유난히 손에 힘을 주고 쓴다면 예쁜 그림이 들어 있는 것을 코팅하여 쓰면 됩니다.

7) 지우개

색소가 첨가되지 않은 지우개가 잘 지워지므로 아무 색깔이나 무늬가 없는 것이 좋으며 공책이 찢어지지 않을 정도의 부드러운 것이 좋습니다. 비싼 지우개는 아이가 쉽게 잃어버리는 경우가 있기 때문에 평범한 것이 좋습니다.

8) 가위

가위는 날이 ㄱ자로 꺾여 있는 '안전가위'를 사주는 것이 좋습니다. 비닐류가 잘 오려지지 않는 단점은 있지만 초등 1학년은 주로 색종이를 자르기 때문에 문제가 없습니다. 안전가위는 아이들이 장난을 치더라도 다칠 염려가 별로 없기 때문에 아주 중요합니다. 왼손잡이 아이의 경우 왼손잡이 가위를 사 주는 게 좋습니다. 일부 브랜드에서 소량만 생산을 하기 때문에 구매하는 데 어려움이 따를 수도 있습니다. 하지만 집 근처 문구점에 부탁을 해 놓으면 구해 줄 것입니다. 왼손잡이 가위가 필요한 이유는 일반 가위를 왼손으로 쓰게 되면 색종이나 도화지의 잘리는 절단면이 가려 제대로 보이지 않기 때문에 곧게 자를 수 없어서입니다. 윗날과 아랫날의 위치가 반대로 되어 있습니다. 칼은 사주지 않아도 됩니다. 웬만한 것은 가위로 다 자를 수 있고 연필은 집에서 부모님께서 깎아 주시면 됩니다.

4）铅笔

无论您的孩子字写得多么的好，他们现在也正是学习写字的年龄，因此，选用2B的铅笔比H B的铅笔更为合适，自动铅笔以及圆珠笔等不利于孩子写字能力的培养，所以最好不要为孩子们准备。近几年来由于电脑的使用广泛，字写得好的孩子越来越少，因此因为字写得不好，也没有必要训斥您的孩子，别人家的孩子也都存在着差不多的情况。在笔筒内请为孩子准备至少5支已经削好的铅笔，因为孩子们在写字的过程中因为玩闹而将铅笔折断的情况常有发生，另外，如果因为笔断了借别的同学的刀子来削，在削铅笔的过程中，也常常会削到手指头，因此请务必为您的孩子预先在笔筒内准备好足够用的铅笔。

5）笔筒

学校里已经禁止使用铁质笔筒了，原因不仅是由于铁质笔筒掉落在地上会发出比较大的响声，而且如果里面的文具散落一地也容易将周围环境搞得杂乱无章，因此摇晃时发出声音不大的布类笔筒更适宜在学校使用。一开始最好不要给孩子买很贵的笔筒，内侧带有可以单独放置一支一支铅笔设置的布制笔筒是最好的选择。

6）书垫板

最近很多文具店里已经不卖书垫板了。以前由于本子的质量不好，孩子们太用力写字或者用橡皮擦字的时候很容易将纸撕裂，但现在因为书本纸质的质量好，即使不用书垫板也能够很好地写字。但，如果孩子们实在是写字的时候太用力的话，那么可以将孩子自己画的漂亮的画塑封以后使用也可以。

7）橡皮

橡皮应选用不含色素、较容易擦掉字体、不容易擦破书本的无色无花纹橡皮。因为孩子们常常会丢掉或遗忘，因此无需购买太贵的橡皮。

8）剪刀

剪刀应选用刀片位置处为 'ㄱ' 的"安全剪刀"为宜。虽然这种剪刀不太容易剪开塑料类物品，但是对于小学1年级常常剪彩纸的孩子们来说已经够用的了。使用安全剪刀即使孩子们在打闹中互相误伤也无大碍，是最好的选择。对于左撇子的孩子应购买左撇子专用剪刀，因为左撇子的学生毕竟占少数，因此专用剪刀也不是大量生产的，有时会比较难以购买。如有需要，可以提前向附近的文具店进行订购。一般的剪刀对于左撇子的孩子来讲不适用的原因是左撇子的孩子在使用一般的剪刀时，由于彩纸或者图画纸的四周边缘被手和剪刀挡住影响视线，所以有可能看不见需要剪的边缘线。为了安全起见，请不要为孩子们准备刀子，所有需要制作的东西都可以用剪刀完成，如需要削铅笔，父母为其准备即可。

9) 자

자는 20cm 정도가 공책 사이즈와 맞아 아이들이 쓰기에 적당합니다.

10) 종합장과 스케치북

종합장과 스케치북은 정말 많이 쓰게 됩니다. 그렇다고 해서 잔뜩 한꺼번에 사다 놓는 것은 결코 좋지 않습니다. 그림이 다양하지 않아 아이가 식상해 하는 경우가 있고 유행하는 캐릭터의 제품이 나오면 또 그것을 사고 싶어 하기 때문입니다. 때로는 직접 사오도록 하여 스스로 제품을 고르는 안목과 경제관념을 심어 주는 것도 좋기 때문입니다. 유선 종합장 보다는 무선 종합장을 훨씬 많이 쓰게 됩니다.

11) 일기장

일기장은 A4 사이즈의 그림일기장을 사 주는 게 좋습니다. 몇 년 전 까지는 스케치북형 그림일기가 주를 이뤘지만 아이들 가방에 들어가지 않아 휴대가 불편하고 비가 오는 날이면 아이들의 고생이 커지는 경우가 있기 때문에 가방에 쏙 들어가는 A4 사이즈의 그림일기를 권하는 것입니다. 제품을 잘 보고 왼쪽에 그림, 오른쪽에 글씨를 쓸 수 있는지 확인하고 구입하시기 바랍니다. 가끔 앞면에 그림 뒷면에 글씨를 쓰는 제품이 있는데 이럴 때는 그림의 내용과 일기의 내용이 한 눈에 들어오지 않기 때문에 아주 불편합니다. 일반적으로 1학기가 끝나갈 때쯤 선생님이 가져오라고 하여 그림일기를 가르치면서 쓰게 하는 경우가 많지만 학기 초부터 준비물로 들어가는 경우도 가끔 있습니다. 학교에서 나눠 준 가정 통신문을 잘 참고하시면 됩니다. 노트 식으로 되어 있는 그림일기의 경우 그림을 그릴 수 있는 공간이 너무 적어 아이가 성의 없는 그림일기를 쓸 확률이 높습니다.

12) 색연필

색연필은 종이로 풀어 쓰는 것보다는 돌리는 색연필이 좋습니다. 종이로 된 색연필은 외부 압력에 잘 부러져 가방 안에서 이리저리 엉망이 되기 쉽습니다. 일반적인 제품은 12색이지만 아이가 그림그리기를 좋아한다거나 하면 금색, 은색 등이 들어 있는 색이 많은 색연필을 사주는 것도 좋습니다.

13) 크레파스

크레파스는 주로 24색을 쓰지만 학교에서 18색을 원하는 경우도 있습니다. 미술시간에 선생님이 지시하는 색과 아이들이 인지하는 색이 모두 같아야 가르치기 쉽기 때문에 다양한 색이 들어있는 것은 오히려 좋지 않은 경우가 있습니다. 몇색인지 지정되어 있는 경우가 많으니 '주간학습계획표'나 '알림장'을 참고하시면 됩니다.

9）尺子

尺子选用20厘米左右与书本大小相仿的尺寸即可。

10）综合本和素描簿

综合本和素描簿是经常使用的物品。但是却没有必要一次性采购很多。由于图片样式有限，孩子们常常会厌倦已有样式，也会常常想要新的样式。偶尔直接领孩子们去买本子的话，也会培养孩子审美的眼光和经济意识，另外有线综合本比无线本更常用。

11）日记本

日记本通常选用A4纸大的图片日记本为宜。几年前，素描簿的日记本是很常用的，但是由于很难放进书包里携带起来不方便，在下雨的时候还常会给孩子带来很大的负担，因此现在大多选用方便装入书包的A4纸型日记本。购买的时候，左侧为图片区，右侧为写字区的本子是首选，前面为图片区，后面为写字区的日记本也有，但是由于图片和字不能够同时看到，因此并不是很好的选择。一般来说，一学期一直到结束的时候，常常是老师要求学生带图片日记本来教授如何写日记时才需要带日记本去学校，但也有学期初就需要准备的情况，具体可参照学校发的家庭信函即可。本装的图片日记本由于由于可以涂画的空间很少，因此孩子们还是使用图片日记本的几率更大。

12）彩色铅笔

比起纸质的彩色铅笔来讲，需要转动削的彩色铅笔更为合适。纸质的彩色铅笔如果放在受外部压力比较容易变形的书包里常常会被折断或者干脆把书包弄得乱七八糟。一般来说，虽然12色的彩色铅笔已经足够用的，但是如果包含金色、银色等更多颜色的彩色铅笔也不失为一个好的选择。

13）彩色蜡笔

彩色蜡笔虽然一般都由24色构成，但学校有时候也需18色的。美术课时，只带老师要求的颜色以及孩子们可以认知的颜色就可以上课了，反倒带很多颜色的话并不好。因此很多时候参考"每周学习计划表"和"通知"按照要求准备即可。

14) 악기류

아이들이 초등과정에서 준비해야 하는 악기는 리코더, 리듬악기 세트, 멜로디언, 소고, 실로폰 등이 있습니다. 캐스터네츠나 트라이앵글, 탬버린 등은 모두 리듬악기 세트에 들어 있으니 그것을 사 주시면 됩니다. 유치원 졸업선물로 각광을 받고 있기 때문에 선물로 받은 것이 있다면 교과 과정에 따라 필요한 것을 하나씩 빼 주거나 하면 됩니다.

15) 우산

저학년의 경우 우산은 긴 우산(장우산)이 좋습니다. 아이들이 펼쳤다가 다시 접는 게 편리하고 우산을 접은 상태에서 들고 다녀도 눈에 잘 띄고 분실의 우려도 적기 때문입니다. 접는 우산의 경우 펼치기는 쉽지만 아이들이 접는 게 쉽지 않습니다. 특이한 우산보다는 그냥 단순하고 밝은 색의 우산이 좋습니다.

16) 공책(노트)

1학년의 경우 처음에는 쓰기8칸(단어용) 공책, 조금 지나면 쓰기10칸(문장용) 공책을 사용하며 2학기에는 줄 공책을 사용합니다. 그러므로 미리 많이 준비하지 말고 학교에서 요구할 때 구입하는 것이 좋습니다. 그밖에 알림장, 종합장, 받아쓰기 공책 등이 필요하며 학교에 따라 영어 노트가 필요한 경우도 있습니다. 거의 많은 수업을 종합장으로 다 할 수 있기 때문에 공책이 많이 필요하지는 않습니다. 여름 방학쯤에 관찰기록장이나 독서록이 필요한 경우도 있습니다. 따라서 노트는 선물용 '노트세트'를 구입 할 필요는 없습니다. 선생님에 따라 '몇 줄 노트' 식으로 줄을 지정 해 주는 경우도 있습니다.

17) 연필깎이

연필깎이는 튼튼한 것을 사 주는 게 좋습니다. 주의해야 할 것은 미술연필이나 나무 색연필 등은 절대로 깎지 마셔야 한다는 점입니다. 생산기준에 따라 HB연필을 기준으로 생산하기 때문에 심이 무른 4B 연필이나 나무 색연필을 깎게 되면 칼날이 돌아가는 힘을 버티지 못하고 연필깎이 안에서 심이 부러지게 됩니다.

14）乐器类

孩子在小学课程中需要准备的乐器有：录音器、击打摇鼓乐器、melodian、小鼓、木琴等。购买装有响板或三角铁、铃鼓等所有击打摇鼓在内的套装即可。由于幼儿园会将这个作为毕业礼物赠送给学生，因此只需要根据课程的要求准备必须的乐器种类即可。

15）雨伞

低年级的学生准备长雨伞更为适合，孩子们撑折长雨伞都比较方便，即使雨伞在折叠的状态也很容易看到，因此也会减少分神的机会。折叠雨伞虽然很容易打开但是叠的时候起来却不太容易。 比起一般的雨伞，单纯易分辨颜色的雨伞更适宜。

16）本子

1年级的孩子刚开始常使用8栏的本子（单词用），然后就要使用10栏的本子（句子用），到2年级就可以使用学校发的本子了。因此不需要提前购买，在学校需要时购买更好。另外，通知本、综合本、发的本子之外，英语本子有的时候也是需要的。基本上大部分的作业都可以用综合本来完成，因此本子的需求也不会很大。暑假期间，观察记录本或者图书记录本也有需要的时候。但不需要一次性购买"一套本子"，按照老师的要求准备"几栏的本子"即可。

17）转笔刀

转笔刀需要选购结实耐用的。需要注意的事，美术笔和木质彩色铅笔绝对不能够使用转笔刀。根据生产标准不一，一般都是按照HB铅笔标准生产的，因此如果用来削4B或者木质彩色铅笔的话，容易在转刀里面积攒转笔笔削已导致转笔刀无法使用。

18) 물 티슈

학교에서 미술시간에 찰흙 등으로 수업을 하거나 물감으로 그림을 그리다 보면 이곳 저곳에 묻는 경우가 많습니다. 물 티슈를 넣어 주면 아이가 슬기롭게 대처할 수 있게 됩니다. 준비물로 물수건을 가져오라고 할 때는 물 티슈와 더불어 '케이스 타월'이라는 제품을 함께 들려 보내시면 됩니다. 케이스 타월이라는 제품은 손바닥만 한 타월과 케이스가 함께 있어 아이들이 타월을 사용한 후에 젖은 채로 케이스에 담아 책가방에 넣을 수 있기 때문입니다.

19) 색종이

색종이도 많이 쓰는 종류에 해당합니다. 낱장으로 그때그때 구입하기에는 번거롭기 때문에 한 통을 사놓는 것이 좋습니다.

20) 붓 세트

붓 세트도 케이스가 있는 것을 구입하는 게 좋습니다.

21) 물감

물감은 플라스틱 케이스에 들어 있는 것을 권하고 싶습니다. 똑딱이가 달린 물감을 사주면 물감이 흐르는 것을 예방을 할 수 있습니다.

22) 사인펜

많이 사용하지는 않지만 꼭 쓰게 되는 제품입니다. 아이들이 쓰기에는 크레파스나 색연필보다 더 편리하고 그림일기를 쓰거나 자신만의 다이어리를 예쁘게 꾸밀 때도 씁니다. 사인펜을 구입할 때는 제조연도를 꼭 확인하시기 바라고 1년 이내의 제품을 사주는게 좋습니다.

그 외에도 황화일, 끌리어 파일, 파일케이스, 사물함바구니, 사물함열쇠, 치약칫솔세트, 바둑돌, 고무찰흙, 사포, 학 종이, 시트지 등이 필요 합니다.

18）湿纸巾

在学校美术课上，用泥巴来上的课程以及用燃料来做的绘画很多，因此很多时候会抹的到处都是。在准备物品里放入湿纸巾的话，那么孩子们就可以自行处理了。在准备物品的时候，湿纸巾和毛巾塑料盒一起放入即可。所谓毛巾专用塑料盒，就是大概有手掌大小，可以放一块毛巾的盒子，孩子们用完毛巾后可以把湿的毛巾放入盒子里然后盖上盖子，这样就不会把书包里的其他东西弄湿了。

19）彩纸

彩纸也是经常使用的材料，现用现买的话非常麻烦因此一次性买一筒比较好。

20）毛笔套装

毛笔套装购买时以有外包装盒的套装为宜。

21）染料

选用塑料盒装的染料为宜。购买容易滴漏的染料时应做好防漏防撒的准备工作。

22）荧光笔

虽然不常用，但却是有时候必须要使用的物品。比起彩色蜡笔或者彩色铅笔来说，孩子们使用荧光笔更加方便，写图片日记或装扮自己的日记也更加漂亮。在购买荧光笔的时候，一定要确定生产日期在1年之内的再行购买。

另外，黄色牛皮纸袋、透明文件夹、文件盒、个人用品保管盒、个人用品盒钥匙、牙膏牙刷套装、围棋、纱布、荧光纸、包装纸等等也都是常用物品。

취학 전 길러줘야 할 생활 습관

입학을 앞둔 학부모도 스트레스를 받지만 아이도 알게 모르게 심리적 스트레스를 받습니다. 입학전에 가장 주의해야 할 점은 어린이에게 무리한 심리적 부담을 주지 말아야 한다는 것입니다. 입학을 앞둔 6~7세의 어린이들은 학교에 대한 두려움을 가지고 있습니다. 가정이라는 울타리를 벗어나 새로운 환경에 들어가는 데 대해 부담을 갖지 않도록 심리적 안정을 찾도록 해야 합니다. 학교란 선생님과 새로운 친구를 만나 재미있게 공부하고 생활하는 곳이라는 점을 일깨워 빨리 학교에 가고 싶다는 생각을 갖도록 해주는 것이 최선의 방법입니다.

1. 일찍 일어나기

아이가 학교에 가면 부모님들이 제일 먼저, 또 제일 많이 걱정하고 신경을 쓰는 부분이 지각하지 않게 하는 것입니다. 아침이 정신없으면 종일 어수선하게 마련입니다. 초등학교의 등교시간은 유치원보다 빠르기 때문에 등교시간에 허둥대지 않도록 저녁에 일찍 자고, 늦어도 등교하기 1시간 전에 일어나는 습관을 들입니다. 또 아침에 일어나는 시간과 저녁에 TV 보는 시간을 아이와 함께 정하고 그것을 꾸준히 지키도록 도와주며, 학교는 매일 정해진 시간에 맞춰서 가야 하는 곳이라고 설명해줍니다.

등교시간은 8시 30분에서 50분 사이에 이루어지므로 아침식사와 용변까지 마무리하기 위해서는 7시에서 7시 30분 사이에 일어나는 연습을 시켜야 합니다. 낮잠을 자던 버릇이 있는 아이들은 수업시간에 조는 경우가 있으므로 낮잠은 되도록 자지 않는 것이 좋으며 또 학교에 늦지 않는 것도 중요하지만, 너무 일찍 가는 것도 피해야 합니다. 교실 문을 열어두지 않거나 선생님이 교실에 있지 않다면 안전사고의 위험이 있기 때문입니다.

밤에는 아이의 성장을 돕는 호르몬이 밤 10시에서 새벽 2시 사이에 활발하게 분비되므로 밤에는 9시 30분경에 잠자리에 들어 숙면을 취할 수 있도록 지도를 하여야 학습의 기본인 기억력을 향상시키는데 도움이 됩니다. 아이가 잠잘 시간이 되면 아이방에 가서 책을 읽어주며 잠이 들도록 유도하고 편한 잠을 잘 수 있도록 조용한 분위기를 만들어주어야 합니다. 아이가 같은 시간대에 잠이 드는 습관을 가질 때까지 가족 모두가 아이의 생활 패턴에 맞추는 노력이 필요합니다.

入学前需养成的生活习惯

入学学生的家长会有不少的压力，同时孩子们也会在无形中有一些心理上的压力，入学前必须要注意的是不要给孩子太多的压力。到了入学年龄的孩子大多是6-7岁的儿童，他们对于学校仍有一定的害怕心理。因此对于进入一个跟家庭不一样的陌生新环境，父母应该尽可能做到在心理上不给孩子任何的压力，稳定他们的情绪。学校是一个和老师、和新朋友一起开心学习和生活的地方，因此应尽可能地提醒和培养孩子们热爱学校、喜欢上学的心态。

1. 早起的习惯

孩子去学校的话，父母们最首先也是最担心的事情就是如何不迟到。早上如果昏昏沉沉乱忙活的话一天也会毫无头绪。因为小学入校时间比幼儿园提前的原因，为了能够在入校时间前准时入校，晚上就要养成早睡，同时早上最晚也要在入校前1个小时起床的习惯。要跟孩子一起确定好早上起床的时间以及晚上看电视的时间，然后认真执行，还要告诉孩子学校是一个每天都要按时去的地方。

入校的时间一般为早上8点半到8点50分之间，为了能够吃完早餐以及解手之后再去学校，养成孩子们早上7点到7点半之间起床的习惯是非常必须的。因为在学校上课并没有午睡的时间，因此要培养孩子们不要养成午睡的习惯为好，但同时也没有必要起得太早或者太早去学校，因为如果教室门没有开或者老师不在的话，很容易出现安全上问题。

晚上是孩子生长的旺盛期，尤其是晚上10点到2点期间是高峰期，因此应培养孩子晚上9点半左右入睡的良好习惯，这样也有助于孩子记忆力的提高。孩子入睡前，需要给孩子创造出安静的有助于睡眠的环境，也可以适量讲些故事给孩子听，轻轻哄孩子入睡。孩子养成在固定时间入睡的习惯之前，全家人应该共同努力，帮助孩子养成良好的睡眠习惯。

2. 바른 식습관 갖기

대부분의 학교에서는 1학년 아이들도 점심을 먹고 하교하는 경우가 많습니다. 하지만 편식이 심한 아이들은 급식에 적응하기 어렵기 때문에 가정에서 미리 지도해야 합니다. 또한 산만하거나 잘 흘리는 습관도 입학 전에 바로잡아야 합니다.

여러 가지 반찬을 골고루 먹기, 너무 많은 양을 한꺼번에 입에 넣지 말기, 입에 들어간 음식은 보이지 않게 입을 다물고 씹어 먹기, 밥 먹는 동안에는 돌아다니거나 뒤돌아보며 떠들지 않기, 젓가락 바른 자세로 잡기 등이 있습니다.

이러한 식사예절은 단시간에 익히기 어렵고 건강과 직결되는 문제이기 때문에 생활습관 중에서도 매우 중요합니다.

식사예절 중 골고루 먹는 것은 특히 강조할 만한데, 실제 음식을 앞에 두고 못 먹겠다고 엉엉 울거나, 배가 아프다고 하거나, 억지로 먹어 토하는 등 교사를 당혹스럽게 하는 경우가 종종 있습니다.

식사는 대략 30분 안에 마칠 수 있게 하고, 우유팩이나 요구르트 뚜껑을 따는 연습도 미리 해두면 좋습니다. 의외로 7세 아이 중에 기본적인 것도 하지 못하는 아이들이 많습니다.

또한 아침밥은 꼭 먹는 습관을 길러주십시오. 아침을 챙겨먹지 않으면 둘째 시간만 지나면 기운이 빠집니다. 1,2학년에는 체력이 약한 아이들이 많으므로 아침밥은 꼭 챙겨주시기 바랍니다.

3. 등하굣길 익히기

초등학생 교통사고는 1~2학년 때 가장 많이 일어납니다. 따라서 입학 전 등·하교 지도는 필수입니다. 아이와 함께 손을 잡고 집에서 학교까지 걸어가며 안전한 등·하굣길을 알려줍니다. 아이들은 등·하굣길에 친구들과 함께 다니면서 사회성을 기르게 됩니다.

쉬는 날 가족과 함께 학교를 한바퀴 돌아보면서 어디에 무엇이 있나 살펴두면 입학해서도 아이가 낯설어 하지 않습니다. 학교 가는 길에 무엇이 있는지, 조심할 곳은 어디인지, 횡단보도는 어디에 있는지 등을 꼼꼼하게 살피고 학교 안의 1학년 교실, 화장실, 교무실의 위치도 익혀둡니다. 횡단보도 건너는 요령, 교차로 지날 때의 요령 등을 알려줍니다.

초등학교 입학 후 2.3 주간은 적응학습기간으로 수업이 일찍 끝나고, 한달 정도는 교사가 등·하교 안전에 신경을 써줍니다. 하지만 결국 아이 혼자 등·하교를 해야 하므로 건널목 건너기 등에 특히 주의를 주고, 등하굣길에 문구점 앞에서 게임을 하거나 군것질을 하는 등 다른 곳에 정신을 빼앗기지 않게 합니다.

2. 良好的饮食习惯

大多数学校1年级的孩子们都会在学校午餐后放学。但偏食严重的孩子因适应学校的饮食存在困难，家长们应该提前进行教导。另外，不集中吃饭和常常将饭撒落出来的习惯也应该入学前进行纠正。

应该教育孩子要摄取多种食物中的多种营养，一次性不要将太多食物放入口中，入口的食物应该闭嘴咀嚼下咽，吃饭时不到处乱跑乱看以及用正确的姿势使用筷子等良好的饮食习惯。以上种种有利于健康的饮食习惯不可能在短时间内培养出来，因此应该从日常做起，在日常生活中慢慢养成。

在饮食的礼节中，能够均衡饮食，不挑食是最应特别被强调的好习惯，但在实际中，面前摆着食物也不吃却号啕大哭，肚子疼或者勉强硬吃下去然后由于消化不适而呕吐等的情况，常常是学校老师最棘手、最头疼的问题。

在吃饭时间上，最好培养孩子能够在30分钟以内进食的习惯，另外如何开启牛奶袋或者酸奶盖儿等方法也应该预先教给孩子们。出人意料的，7岁以上的孩子中这些基本的习惯没有养成的孩子竟还不在少数。

另外，一定要养成吃早餐的习惯。如果不吃早餐的话，第二节课下课后就会完全没有力气和精神了，1，2年级体力比较差的学生很多，因此早餐一定要养成定时吃的习惯。

3. 熟悉去学校的路

小学1-2年级的学生出交通事故的比率是最高的。因此，入校前指导孩子入校、离校是非常必要的；应该牵着孩子的手，详细地告诉孩子从家到学校行走的安全路线，如果有小伙伴同行的话则更好，也同时可以培养孩子与人共处的习惯。

休息的日子应该领着孩子在学校转几圈，告诉孩子们哪里都有些什么，这样孩子上学以后也不会觉得太过陌生；另外，还应该告诉孩子们上学的路上都有些什么建筑，哪些地方来回的时候应该多加注意，哪里有人行横道，以及学校里面1年级的教室、卫生间、教务室都在哪儿等等；除此之外，还应该告诉孩子如何过人行横道，如何过交叉路口等等。小学在入学2，3周的适应时间里，一般会提前放学，一个月的时间左右都会有教师费心监护孩子们安全上下学。但即便如此，当孩子自己一个人上下学的时候，在交叉路口还是应该特别的提高警惕。另外孩子们在上下学路上的文具店旁玩游戏、买零食的情况也常有发生。

4. 공손한 인사예절

인사는 사회성의 기본입니다. 부모님, 선생님과 친구, 동네 어른들께 인사하는 습관을 길러줍니다.

"학교 다녀오겠습니다", "학교 다녀왔습니다", "반갑습니다", "고맙습니다", "죄송합니다", "미안해" 등 때와 장소, 대상, 상황에 맞추어 인사하는 법을 일러주고, 유아어에서 벗어나 존댓말 쓰기도 훈련시킵니다.

또한 어른께 물건을 드릴 때 두손으로 공손히 드린다든지 하는 기본 예의범절도 알려줍니다.

공손한 인사와 자세는 교사와 친구 관계에도 영향을 미치는 만큼 꼭 신경을 써야합니다.

5. 사교성 키우기

처음 만난 친구들과 어울리려면 낯선 장소에 대한 두려움을 없애고 남을 배려하는 마음이 필요합니다. 놀이공원이나 박물관 등 아이가 좋아할 만한 장소로 데려가 다양한 경험을 쌓고 그곳에서 공공질서를 지키게 하면 좋은 훈련이 됩니다. 이웃이나 친척과 함께 가면 또래 친구들과 어울리면서 아이들끼리 지켜야 할 일도 자연스럽게 체험할 수 있습니다.

6. 물건 관리하기

지우개, 연필, 실내화주머니 등은 물론 교과서도 잃어버려 다시 사는 경우가 종종 있습니다. 엄마가 대신 물건을 정리해주고 관리해주는 습관 때문입니다.

각 학용품에 스스로 이름을 쓰고 물건을 사용한 뒤에는 반드시 제자리에 두는 습관을 들이게 합니다. 그러기 위해서는 아이가 느려도 참고 기다려주는 엄마의 자세가 필요합니다. 또한 잃어버렸다고 해서 무턱대고 다시 사주거나 잃어버릴 것을 대비해 대량으로 사두는 것은 바람직하지 않습니다.

왜 잃어버렸는지 스스로 잘못을 깨닫게 하는 것이 우선입니다.

또한 신발장에서 자신의 신발을 찾는 연습도 필요합니다.

4．恭敬的问候礼节

问候是最基本的礼节。一定要养成对父母、老师、长辈、以及朋友问候的礼节。

例如"我去学校了！"，"我从学校回来了！"，"见到您很高兴！"，"谢谢！""对不起"，等都要根据不同的对象使用不同程度的尊敬语。家长们要多多训练孩子们使用尊敬语言，而不是儿童的非尊敬语言。另外，将物品递给长辈时，应该用双手托住物品后恭敬的呈上，这也是最基本的礼节。是否恭敬的问候和姿势也能够影响到跟老师以及跟同学的关系，所以请一定要注意运用。

5．交际性的培养

跟初次见面的朋友和睦相处、到陌生的环境也不畏惧以及能够时刻想到对方、照顾别人的性格在社会生活中是非常必要的。经常带孩子去游乐场、博物馆等孩子们都比较喜欢的地方去多见世面、多增加各种体验的机会也是非常好的锻炼方式。让孩子多跟邻居、亲戚以及跟同龄的小朋友们一起相处，也是潜移默化中一种锻炼的好方式。

6．物品的管理

橡皮、铅笔、室内鞋袋等甚至教科书也有遗忘后再次购买的情况发生，这主要是因为大部分孩子都是妈妈们代替他们整理以及管理学习用品的习惯造成。

应该养成在每个学习用品上面写上自己的名字，使用后一定要放回原位的良好习惯。即使孩子们在做以上事情的时候比较动作缓慢，那么妈妈们也应该耐心的等待。另外，东西丢了以后随便又重新购买或者一次性大量购买很多容易丢失物品的习惯都是不可取的，慢慢得让孩子认识到自己的错误才是正确的做法。另外，在鞋柜里面能够准确找到自己鞋的练习也是必需的。

7. 정리정돈 잘하기

정리정돈을 잘하면 자기 물건을 관리하기도 쉽습니다. 또한 필기 등 학습에도 도움이 됩니다. 따라서 가방 싸기나 물감· 붓· 크레파스 등 학용품, 사물함 정리부터 연습합니다. 그러기 위해서는 정리하기 쉽게 칸이 나뉜 가방과 필통을 마련하고, 사물함마다 정리품목을 써 붙여놓는 등 엄마의 배려도 필요합니다.

또한 알림장을 가상으로 적어 알림장대로 준비물을 챙기는 훈련도 좋습니다.

8. 뛰지 않기

아이들이 입학을 하고 나면 교사들은 한두 달 이상을 실내에서 아이들이 뛰지 않도록 하는데 많은 에너지를 쏟습니다. 실외 뿐 아니라 실내에서도 아이들은 뛰는 것을 좋아합니다. 복도에서 뛰다가 사고가 나는 경우도 흔합니다. 따라서 가정교육에서부터 아이가 평소에 실내에서 뛰지 않도록 지도하는 것이 필요합니다. 왼쪽으로 사뿐사뿐 걸어 다닐 수 있도록 걸음마부터 다시 지도하여야 합니다.

7. 学会收拾及整理的习惯

学会收拾和整理以后不仅自己的物品管理起来方便得多，而且对于养成记笔记的习惯也有帮助。因此，应该让孩子从整理书包、染料、毛笔、蜡笔等学习用品以及保管盒之类的物品开始训练。妈妈们对于如何更容易地整理书包、笔筒的准备、分类保管盒的整理等等也应该多多上心。另外，也要提前训练孩子们将通知册折好放入书包的准备习惯。

8. 不乱跑乱跳的习惯

孩子们入学后，老师会花将近1，2个月以上的时间来教育孩子们不要在室内乱跑乱跳，打打闹闹。孩子们不仅喜欢在室外，而且在室内也是常常跑跳打闹的。在楼道里面因跑跳发生意外受伤的情况也非常多。因此，从家庭教育开始，父母就应该培养孩子在室内不跑跳打闹的好习惯。靠左侧放轻脚步走路习惯应该从头一步一步的教会孩子。

9. 화장실 사용법

아이가 예민하면 학교 화장실에서 대변을 보지 못하는 경우가 있습니다.

갑자기 달라진 환경에 스트레스를 받아 변비를 앓는 경우들도 있으니 아침마다 화장실에 가는 습관을 미리 길들여주시는 것이 좋습니다.

자녀와 함께 학교에 가서 화장실 위치를 확인하고 사용법을 설명해줍니다. 혼자 화장실을 가본 경험이 적은 아이들에게는 아주 중요한 문제입니다. 특히 쉬는 시간을 놓쳐 화장실을 못 가는 일이 없도록 주의를 주고, 용변 보는 법과 뒤처리하는 방법을 자세히 가르쳐줘야 합니다. 화장실 구조가 집과 달라 가기 싫어하는 아이들도 있는데 이런 경우에는 엄마와 함께 외출할 때 공중화장실을 이용해보면 도움이 됩니다.

집이 아닌 새로운 환경인 학교에서 긴장한 나머지 옷에 실수하는 등 배설장애로 곤란을 겪는 아이들이 있습니다. 이때 아이가 수치심이 들지 않게 배려하며, 윽박지르거나 창피를 주지 않아야 합니다. 아이를 혼낼 경우 주눅이 들어 계속 실수를 하거나 자신감이 떨어지며 친구 관계에도 어려움을 겪는 등 더 큰 문제를 가져올 수 있기 때문입니다.

또한 실수를 했을 때는 몸에 이상이 있는 것은 아닌지, 학교생활에 문제점은 없는지, 담임선생님을 많이 무서워하지는 않는지 등 다른 이유에 대해서도 고려해봅니다.

화장실이 가고 싶을 때는 수업시간 중에라도 선생님께 조용히 말하고 다녀올 수 있도록 연습시킵니다.

대변은 등교전 집에서 해결할 수 있도록 하고 소변은 쉬는 시간에 맞추어 볼 수 있도록 하거나, 1시간 정도는 참을 수 있도록 집에서 연습을 시키면 학교생활에 더 빨리 적응할 수 있습니다. 대변은 아침에 일어나 물을 한 컵 마시고 정해진 시간에 화장실에 가는 습관을 기르게 하는 것이 중요합니다.

특히 유치원과 달리 초등학교는 수업시간이 정해져 있고, 교실과 화장실이 떨어져 있어 아이들을 더욱 당혹스럽게 하므로 미리 학교 화장실에 들러 체험해보게 하면 좋습니다.

또한 요즘에는 비데 때문에 고학년이 되어서도 대변 처리를 못하는 아이들이 있으므로 대변 처리 훈련도 빼놓아서는 안 됩니다.

6세쯤 되면 어느 정도는 처리할 수 있도록 연습을 하여야 합니다.

9. 卫生间的使用方法

如果孩子比较敏感，那么很可能出现在学校解不出大便的情况。由于更换了新的环境，孩子们由于压力很可能会产生便秘的情况，因此要培养孩子每天早上去厕所解手的习惯。如有机会，应该跟孩子一起去学校然后告诉他学校的卫生间在什么位置以及如何使用。对没有一个人上过卫生间的孩子来讲这确实一个非常重要的问题。特别是要注意养成孩子们利用课间休息时间去洗手间的习惯以及如何解手、解手后如何放水冲洗厕所等都要详细地讲给孩子听。因为学校的洗手间跟自己家里的不一样而非常不习惯的孩子也是有的，这样的话，跟家长外出时使用公共厕所也会对适应学校的洗手间有一定的帮助。

由于来到不是自己家的陌生学校环境中，由于紧张，受拉裤子困扰的孩子也是存在的。这个时候千万不要让孩子觉得这是一件非常羞耻的事情，不要吓唬或者让孩子觉得特别丢脸。如果因此而责备孩子，很有可能会造成持续拉裤子、自信心受损、以及很难跟朋友相处等更大的问题。另外，如果出现这样的问题，应该察看是否有其他的原因，例如孩子的身体是否有异、学校的生活是否有问题以及孩子是不是过于害怕老师等。

上课期间即使想去厕所，应该跟小声跟老师报告后轻轻地快去快回。

家长们应该努力培养孩子入校前在家解大手、入校后利用休息时间解小便以及在家多多练习能够1个小时左右憋住尿意的习惯，如果能够培养孩子起床后喝1杯水后然后在固定的时间解大手的习惯则更好。特别是由于跟幼儿园不同，学校的课程时间都是固定的，而且洗手间跟教室相隔有一定的距离，更会让孩子觉得慌张，因此应该提前带着孩子来到洗手间，让他们熟悉和体验一下则更好。

另外，最近由于在家中使用自动坐便器的原因，很多孩子到了高年级也还没学会大便后如何进行擦拭和清理，因此应该多多在家进行训练，孩子到了6岁以后一定要学会和养成便后擦拭清理的习惯。

10. 제대로 손 씻기

손을 제대로 씻는 것만으로도 질병 예방에 상당한 효과가 있다는 것은 잘 알려진 사실입니다. 외출이나 놀이 후 식사 전 용변을 보고 난 뒤에는 반드시 손을 씻도록 합니다.

유치원에서도 5세 어린이는 교사가 손을 씻겨주는 경우가 많지만 6세가 되면 손에 묻은 검댕이 정도는 혼자 씻을 수 있어야 하고, 7세부터는 제대로 씻기가 가능하도록 해야 합니다. 그냥 손에 물을 묻히는 게 아니라 소매를 걷고 비누칠을 하고 손가락 사이, 손톱 밑, 손등, 손목까지 깔끔히 씻은 후 헹구고 마지막으로 수도꼭지에 묻은 비눗물을 헹구고 잠그기까지 연습시킵니다.

의외로 손을 씻지 않고, 씻더라도 제대로 못 씻는 경우가 많습니다.

학교생활은 공동체 생활인만큼 개인 건강에 유의해야 한다는 사실을 잊지 말아야 합니다.

11. 책상에 앉아 있는 습관 기르기

정해진 수업 시간과 쉬는 시간에 적응하기 위해서는 적어도 30분 이상 꾸준히 책상에 앉아 있는 훈련이 필요합니다. 처음부터 너무 오랫동안 앉혀놓으면 아이가 힘들어하기 때문에 10~15분에서 시작해 조금씩 시간을 늘립니다. 공부를 하는 것도 좋지만 아이가 지루해한다면 그림 그리기나 블록 조립 등 평소에 집중에서 잘 하는 것을 하면서 일정 시간 이상 자리를 지키게 합니다.

10. 勤洗手的良好习惯

病从口入，因此勤洗手是预防疾病最有效的措施。外出回来后、玩儿完后、吃饭前以及上厕所后一定要养成洗手的习惯。5岁的孩子在上幼儿园的时候，常常是老师们给洗手的，从6岁开始就要培养孩子可以自己洗掉手上脏东西的习惯，这样7岁左右才有可能完全学会好好洗手。

洗手的时候，不是沾点水儿在手上就可以了，而是将袖口挽起，打上肥皂，搓出泡沫，然后在手指间、手指甲缝里、手心、手背等位置仔细揉搓后拧开水龙头将手冲洗干净，然后关上水龙头这一整套过程，家长们应该好好对孩子进行这样的训练。但是实际上，确实有很多孩子不洗手，或者不好好的洗手。学校生活虽然是集体生活，但个人卫生和健康必须要时刻注意才行。

11. 安坐桌前的习惯

为了更好地适应固定的上课时间以及休息时间，30分钟以上安坐在桌前的习惯也是必须要培养的。如果一开始就让孩子坐很长时间，那孩子肯定是没有耐心的，所以刚开始应该从10-15分钟的安坐练习开始。虽然通过学习来加以练习更好，但是如果孩子厌烦了，那么平常能够将孩子注意力集中的画画或者堆积木等也是训练的好方法。

12. 준비물 · 과제물 혼자서 챙기는 습관 기르기

자기 물건을 스스로 정리하는 습관을 들여야 합니다. "이거 치워"라고 명령하기보다 "엄마랑 같이 치워볼까?"라며 책상이나 책꽂이를 정리해봅니다. 입학 준비물을 살 때는 엄마가 혼자서 다 준비하지 말고 아이와 함께 가서 사는 것이 좋습니다. 준비물을 사온 뒤 아이와 함께 물건에 이름표를 붙이면서 자기 물건에 대한 책임감을 느끼게 합니다. 준비물은 학교와 담임선생님에 따라 다를 수 있으므로 예비 소집일에 학교에서 나눠주는 안내문을 참고해 준비합니다.

또 작은 화이트보드를 벽에 붙여두고 그날의 알림장 내용을 적어 과제나 준비물을 빠뜨리지 않도록 지도합니다. 처음에는 과제물의 70%를 엄마와 함께, 30%를 아이 혼자 해보도록 지도하고, 과제를 하는 데 익숙해지면 50%를 아이 혼자서 하도록 합니다. 1학년은 앞으로 다가올 2,3,4학년을 대비하는 기간이므로 바른 학습 습관과 생활 습관을 기르는 데 힘써야 합니다.

또한 학교의 숙제는 미리 미리 하게 해 줘야 합니다. 처음 습관을 잘못들이면 나중에 고생을 하기 때문입니다. 매일 시간을 정해주고 문제를 풀면 엄마가 함께 봐주는 식으로 버릇을 들이는 게 좋습니다.

13. 컴퓨터 사용 습관

요즘은 3, 4세 때부터 컴퓨터 게임으로 인해 부모와 말다툼을 합니다. TV도 마찬가지, TV나 온라인 교육 프로그램을 잘 이용하면 학습에 도움이 될 수 있지만 장시간 붙어 있는 것은 바람직하지 않습니다.

그렇다고 해서 무조건 떼어놓으려 한다면 오히려 아이에게 반감을 살 것입니다. 따라서 아이와 함께 공부시간과 여가시간을 분리해 시간표를 짜고, 공부시간을 잘 지켰을 경우 TV 시청 및 컴퓨터 사용 시간을 늘려주는 등 상벌제도를 정확히 실시하면서 차츰 TV와 컴퓨터에서 멀어지게 합니다.

또한 요즘은 컴퓨터를 이용한 과제물이 많아졌습니다. 그러므로 무조건 못하게 하기보다는 아이에게 주제를 주어 스스로 검색하고 자료를 꾸며보게 하는 것이 좋습니다.

또 학교 홈페이지를 함께 방문해보고, 아이와 이메일을 교환하는 등 컴퓨터를 다양하게 활용하는 방법을 찾아봅니다. TV도 프로그램을 선정해 일방적인 시청을 하지 않고 대화하며 시청할 수 있도록 합니다. 그 밖에 도서관이나 영화관 등 다른 여가 활용법을 모색합니다.

12. 课上所需物品、制作物品的自我准备习惯

孩子们应该养成自己整理准备的习惯。比起用命令的口气让孩子整理这儿、整理那儿来讲，换一种和蔼的口气，譬如"妈妈跟你一起收拾好吗？"等则更容易被孩子们接受。在准备购买上课所需物品之时，不应该妈妈们全全代劳，而是应该让孩子们也参与进来，购买好物品之后，应该跟孩子一起将写有自己名字的贴纸贴在自己的东西上面，让孩子对自己的物品有一定的责任感。由于准备物品都是根据学校和老师而有所不同，因此只要仔细参考入学召集日时学校发的指导手册认真准备即可。

另外，每天老师都会在黑板上写清楚每天、每节课需要准备什么物品以及要制作什么物品，因此应该教育孩子们每天都认真记录下这些内容。刚开始制作物品时可以70%左右跟家长一起做，30%左右孩子自己做，习惯以后就可以50%左右自己来制作了。比起2，3，4年级的学生来讲，家长们应该要对1年级的孩子养成良好的学习和生活习惯更加上心。

还有就是，应该养成尽早完成作业的习惯，如果刚开始没有养成做功课的良好习惯，那么以后就很难纠正和进步。因此要养成每天有固定的时间做作业、做练习、然后跟家长一起再来检查的习惯。

13. 使用电脑的习惯

最近3，4岁的孩子常常因为玩电脑游戏跟父母们顶嘴，电视也有类似的情况。如果能够较好的利用教育电视频道的电视节目，那么会对学习有所帮助，但是反过来如果过长时间粘在电脑或电视跟前，那么就有百害而无一利了。如果一旦出现这种情况，只是一味地强制孩子不去看，也会让孩子们感到很反感。因此，应该跟孩子一起将学习和业余时间分开，制定时间表，如果学习的时间较好地完成，那么可以给孩子少许玩儿电脑和看电视的时间，利用这样的奖罚制度可以让孩子们尽可能的远离电脑和电视。

另外，利用电脑来制作的物品和作业也很多。与其一味的不让孩子动电脑，倒不如给孩子一个主题，让他自己慢慢得搜索准备材料，这样反而更有成效。

还有就是，可以和孩子们一起访问学校的网站，寻找一些例如发收email等更有效使用电脑的方法。电视频道的选择家长们也不应一意孤行，而是应该跟孩子们商量后决定收看什么频道。除此之外，还应该多多摸索些灵活运用譬如图书馆、电影院等的方法。

취학 전 알아야 할 학습 내용

유치원에서 배운 수준의 한글과 숫자만 알면 1학년 공부에는 크게 지장이 없습니다. 아이에게 책을 소리 내어 읽는 습관을 들이게 하면 읽기 공부와 함께 발표력 향상에 도움이 되고, 생활 속에서 덧셈과 뺄셈을 조금씩 가르쳐주면 진도를 문제없이 따라갈 수 있습니다.

1학년 부모들은 입학하기 전 아이의 수준이 초등학교에 입학해도 잘 적응할지를 걱정하고, 주위의 아이들과 비교하면서 욕심을 내곤 합니다. 하지만, 그러한 조바심이 아이의 학습 의욕을 잃게 하는 결과를 낳기도 하니 절대 지나친 학습을 강요해서는 안 됩니다.

한글은 쓰기보다는 큰소리로 읽는 능력을 길러주고, 수학은 생활속에서 놀이처럼 공부하는 것이 학습에 대한 호기심을 갖는데 중요합니다.

초등학교는 보통 4교시로 운영되며, 1주일에 하루만 5교시 수업을 합니다. 입학한 3월 한 달은 '우리들은 1학년'을 배우게 되고, 4월부터 각 교과목 학습에 들어갑니다. '우리들은 1학년'은 입학 초기 학교생활과 환경에 익숙해지는데 중점을 둔 교육이라 크게 걱정하지 않아도 됩니다.

1. 초등학교 학습, 달라진 점 세 가지

1) 달라진 교과목 : 3월 한 달 동안은 「우리들은 1학년」을 배우고 4월부터 5개의 교과목을 배웁니다. 읽기 · 듣기 · 쓰기 등 세권의 책을 함께 가져와야 하는 국어과목처럼 함께 챙겨야 할 것들로는 어떤 것이 있는지도 꼼꼼히 확인합니다. 수학만큼은 가정에서 꾸준히 관심을 가지는 것이 좋습니다. 과정 이해이기 때문에 어렵게 느끼는데, 한번 놓치면 따라가기 힘든만큼 1주일에 한 번이라도 수학책과 수학 익힘 책을 점검하는 것이 좋습니다.

入学前需了解的学习内容

只要能够掌握在幼儿园里学习的韩国字和数字，1年级的学习就不会有太大的问题了。孩子们大声朗读书中内容的习惯对孩子的学习和发言能力的提高都有帮助。在日常生活中只需要教给孩子一些简单的加减法，那么跟上学校的教学进度是完全没有问题的。

1年级的家长们常常在孩子入学前，对于孩子是否能够进入小学读书而感到担心，再加上常常跟周围别的小朋友比较，不免产生种种焦急和攀比的心理。但切忌因为焦急和攀比而忘记孩子自身的学习能力，盲目求快，这样只能得不偿失。

比起写韩字来说，大声朗读的能力也应该注重培养，另外，利于孩子的好奇心在日常生活中像玩耍一样的学习数学等也是至关重要的。

小学一般一天有4节课，1个星期只有一天安排了5节课。每年入学后的3月份一整月是学习"我们的1年级"时间，4月份开始各科的正式学习就开始了。所谓"我们的1年级"就是在入学初期以学校生活和适应环境为重点的教育，家长们不需要特别的担心。

1. 小学学习与之前不同的三点

1）不同的科目：

3月份进行"我们的1年级"学习之后，4月份开始进行5门课的正式学习。国语课，要带齐听力、阅读和写作等三本书才能够上好；数学课，在日常的家庭生活中也要坚持不断地学习，如果觉得课上学习的内容有难度，那么一旦拉下就很难再跟上了，因此1周内哪怕只有1次用来检查数学书和数学练习册也是很有帮助的。

2) 성적평가 : 아이들에 대한 평가는 예전과 달리 시험 대신 교과활동중 수행평가로 이뤄집니다. 예를 들어 '때와 장소에 따라 상대방에게 알맞은 인사말을 알고 실천 하는가', '글을 읽고 관련 경험을 이야기할 수 있는가'. '놀이의 규칙을 이해하며 적극적이고 즐겁게 놀이에 참여하는가' 등으로 교과활동을 평가합니다. 방법은 수 · 우 · 미 · 양 · 가 대신 활동참여도나 악기연주능력, 말하기, 듣기 능력 등을 수시로 상 · 중 · 하로 평가하거나 문장으로 기술합니다. 문제집만 열심히 풀기보다는 평소 수업시간에 열심히 활동하고 학교에서 시행하는 각종 대회나 행사에 적극적으로 참여해야 좋은 평가를 받을 수 있다는 뜻입니다.

3) 주간 학습 안내서 : 매 주말 가정으로 나가는 주간 학습 안내서에는 다음주 학습활동 안내와 함께 행사 안내나 기타 전달 사항이 적혀 있으므로 아이 방 한쪽에 붙여 놓는 자리를 마련해 수시로 확인합니다. 주간 학습 안내와 알림장을 참고해 아이가 스스로 준비물을 챙기도록 한 후 부모가 빠진 건 없는지 점검해줍니다.

2. 선행학습 집착은 금물

우선 아이가 일정 시간 동안 집중하게 하는 훈련이 필요합니다. 초등학교에 입학하면 좋든 싫든 40분의 수업시간을 선생님과 보내야 하는데, 유치원에서 놀이중심의 교육에 익숙하던 아이들은 수업 시간과 쉬는 시간의 개념을 혼동하기 쉽습니다. 따라서 자신의 의견이나 생각을 전달하고 발표, 대화의 요령을 차분히 알려줄 필요가 있습니다.

간혹 아이가 한글을 떼지 못하거나 또래에 비해 학습 능력이 부족하다고 느낄 경우 막연한 불안감에 선행학습에 과도하게 매달리기도 합니다. 하지만 선행학습은 상호 의사소통이 가능하고 학습 진도를 따라갈 정도면 충분합니다.

국어는 맞춤법보다는 아이가 듣고 읽는 것을 얼마나 능숙하게 소화하는지를 점검합니다. 알림장을 제대로 쓰기 위해 엄마가 부르는 말을 받아 적게 하는 연습도 한 방법입니다. 수학은 1부터 10까지 숫자 개념을 정확히 익힌 다음, '아빠와 엄마의 나이', '저기까지 몇 발짝이 될까?' 등 생활속에서 자연스럽게 수, 거리, 공간개념 등에 친숙해지도록 하는 것이 좋습니다.

예 · 체능은 1학년 과정에서 간단한 만들기 관련 내용들이 많아 종이접기, 가위질하기 등 손 조작력을 키워주는 연습을 해보도록 합니다. 또 아이가 다닐 학교 운동장의 체육시설을 이용해 보면 학교생활에 대한 친밀도를 높이는데 효과적입니다.

2）成绩评价：

对孩子们的成绩评价，不同于以前的考试，现在的考试更是以检查教学活动中修行评价为主。例如：针对"根据不同的对话场合和对方不同的身份，是否能够准确使用问候语"，"阅读文字后是否能够说出与之相关的经历"，"理解游戏规则，是否能够积极、高兴地参加游戏活动"等都是根据相应的教学活动而制定的修行评价。使用的评价方法摒弃了以往的优秀、良好、中等、及格和不及格的等级制度，而是以活动的参与度、乐器的演出能力、发言、听力能力等为标准，按照上、中、下三个等级来进行评价和记录。比起只会考试和做题来讲，只有在日常学习中努力地参加各项活动，在学校组织的活动和比赛中积极参与，才能够获得好的评价成绩。

3）每周学习计划

每周末都会发放每周学习计划给每个家庭，内容主要是记载下一周的学习活动计划活动安排、以及其他的一些需要传达的事项，应该把此份计划书贴在孩子房间的一侧一个固定的准备位置上方便参看。孩子们可以参照每周学习计划和通知书来准备物品然后家长们再最后给予确认。

2．不要进行超前学习

首先，孩子们在一定的时间内进行集中的训练是必须的。进入小学之后，无论喜欢还是不喜欢，每节课的40分钟都必须是跟老师一起度过的。习惯了幼儿园以玩儿为中心的教育方式，孩子们常常对于上课时间和休息时间没有什么概念。因此，如何传达自己的意见和想法，以及发言、对话的要领都需要仔细的告诉孩子。

但有的时候，常常因为自己的孩子不会韩国字或者跟同龄的小朋友比较学习能力不足等问题给家长带来不安感，也因此家长会让孩子进行超前超负荷的学习。但是切记提前进行学习只需要跟孩子们相互沟通，达到学习的进度为止就已经足够了。

国语中比起缀字法来讲，孩子的听和读的能力是否熟练以及是否消化则更应该是检查的重点。为了写好通知，孩子们将家长说过的话进行简述也是一种比较好的练习方式。数学中，在1到10的概念已经完全理解熟透之后， 通过生活中的数字、距离和空间的概念，例如通过"爸爸和妈妈的年龄"，"到哪里一共有几步"等自然而然的问题教给孩子数学也不失为一种很好的方式。艺体能课上，1年级的课程设置中大多是一些简单的如折纸、剪纸等主要利用剪刀来练习实际动手能力的课程。另外，孩子们如果能够充分地利用自己学校运动场的体育设施，也会在增加学生对学校生活的亲密度上有很大的帮助。

3. 학교 수업

1) 3월은 학교생활 적응 수업 : 3월 한 달 동안은 40분 수업, 10분 휴식으로 구성된 수업을 첫째 주에는 2교시, 둘째 주에는 3교시, 셋째 주에는 4교시로 점차 한 시간씩 늘려가면서 학교생활에 적응하는 준비를 합니다. 한 달 동안 「우리들은 1학년」이라는 책 한 권으로 수업하는데, 학교생활 적응에 관한 것입니다. 학교에는 무엇이 있는지 둘러보기, 학교시설 이용법, 줄서기, 좌측통행, 사물함 정리, 친구들과 사이좋게 지내기 등의 내용으로 구성되어 있습니다. 학교에서 돌아오면 그날 배운 것을 물어보고 다시 한 번 연습해 볼 수 있도록 합니다.

2) 본격적인 수업은 4월부터 : 3월 동안 적응 수업이 끝나면 4월부터 본격적인 수업에 들어갑니다. 말하기와 듣기, 읽기, 쓰기, 수학과 수학 익힘, 슬기로운 생활, 즐거운 생활, 바른생활을 배웁니다. 한글은 쉬운 받침까지 읽을 수 있다면 수업 따라가는 데는 문제가 없습니다. 받아쓰기 연습을 시키는 것보다 글자의 획순 틀리지 않게 쓰기, 연필 바르게 잡기를 연습하는 것이 좋습니다. 수학은 숫자 10까지, 숫자에 한 자리 더하기 정도를 알고 있다면 적당합니다. 간혹 무리해서 구구단까지 외우게 하는 부모들이 있는데, 아이가 수업 수준을 시시하게 느껴 수업에 집중하지 않을 우려가 있다.

1학년은 단지 수와 친해지는 시기입니다. 구구단 1년 일찍 외운다고 수학을 잘하게 되는 것은 아닙니다. 무리하게 높은 수준까지 가르치지 않도록 합니다.

학교에서는 7월 말부터 일기쓰기를 하게 됩니다. 기뻤던 일, 화났던 일, 다음번에는 어떻게 대처해야 할지 등에 대해 말하게 함으로써 일기쓰기의 기초를 다져줍니다. 5월부터는 1주일에 한번 정도 일기를 쓰도록 지도합니다.

3. 学校课程

1）3月是学校生活适应课程：3月份的课程组成一般是按照每节课40分钟，中间休息10分钟，第一周每天2节课，第二周每天3节课，第三周开始每天4节课这种每次增加1节课的方式来帮助孩子适应学校生活的。一个月的时间内，使用一本名为"我们的1年级"的课本来完成课程，适应学校生活。这本书主要由学校里有些什么，学校设施如何使用、左侧通行、事物盒整理以及如何跟朋友友好相处等内容组成。放学之后家长们要再问一遍孩子们今天学习过些什么内容，以帮助他们巩固复习。

2）4月开始正规的课程：结束了3月的适应课程之后，从4月份开始就进入了正规课程的学习，主要包括会话、听力、写作、阅读，数学和数学练习课，聪慧的生活、快乐的生活、良好习惯的生活等。国文上，跟写作相比，教会孩子正确的笔顺以及正确使用铅笔的姿势等就显得更为重要。只要具有能够阅读简单的韩字收音的水平，跟上课程是完全没有问题的。数学上，认识10个数字后有再认识两位数的程度即可，千万不要强迫孩子背诵小九九，这样会造成孩子们觉得上课的内容简单、课程水平微不足道，导致在课堂上不能够很好地集中精神。

1年级只是培养孩子认识和使用数字的时间，绝对不是1年级的孩子能够背诵小九九，就证明他数学学得好，千万不要强迫孩子学习超出现有水平的内容。

学校大概会从7月末开始教授如何写日记。针对高兴的事情、生气的事情以及如何度过和应付等将口头语写成日记进行训练，因此从5月开始，最好能够指导孩子1周左右学写1篇日记。

4. 영어 · 수학보다 한글 독서 교육이 중요

입학 전 반드시 가르쳐야 할 것은 한글입니다. 요즘은 초등학교 1학년 교육과정에서 한글을 가르치는 과정이 빠져있기 때문에 한글을 배우지 못하고 올 경우 수업을 따라가기 힘듭니다. 특히 1학년 초기에 책을 잘 읽지 못하거나 받아쓰기 성적이 나쁠 경우, 아이가 자신감을 잃고 공부를 싫어하게 됩니다. 읽기 · 쓰기가 제대로 되지 않으면 영어, 수학 등 다른 과목도 잘하지 못합니다. 1학년 수업은 대부분 선생님의 말씀을 잘 듣고 자신의 생각을 조리 있게 말하는 방식으로 진행됩니다. 이런 수업을 잘 따라갈 수 있으려면 책을 많이 읽고 생각하는 독서 교육이 선행돼야 합니다.

5. 기초학습

아이들의 교과서를 보면 교육방향을 알 수 있습니다. 우선 교과서의 기본 학과목이 부모 세대 때와는 아주 다릅니다. 지금 시행되고 있는 제7차 교육과정은 기본과정 이수기간을 10년으로 잡고 있습니다. 초등학교 1학년부터 배우는 내용이 반복 심화되면서 고등학교 1학년이 되면 모두 정리되는 셈입니다.

초등 저학년 교육은 아이들이 쉽게 접할 수 있는 생활환경에 대해 교육하여 아이들의 탐구심을 자극하는 내용이 많습니다. 심지어 국어와 과학, 사회, 수학 같은 분야도 생활에서 쉽게 찾을 수 있는 내용들을 다루고 있습니다.

국어는 말하기와 듣기, 읽기, 쓰기 부분으로 나뉘어져 교육되고 아이들의 적극적인 참여가 수업의 질에 영향을 미칩니다. 그러므로 초등학교 1학년이 되기 전에 독서와 일기, 듣는 훈련을 시작해야 합니다. 1학년이 되면 일주일에 몇 번씩 혹은 매일 그림일기와 독서 감상문을 숙제로 써 야 합니다. 미리 연습해두지 않으면 숙제를 잘하는 습관을 만들기 어렵습니다. 그리고 일상대화를 잘 알아듣는 아이일지라도 수업시간 40분동안 집중해서 듣기란 쉽지 않습니다. 남의 말을 귀 기울여 듣는 훈련은 수업태도에 영향을 줍니다.

1) **읽기** : 읽기의 경우 스스로 책을 읽는 습관과 소리 내어 읽는 습관을 길러주는 것이 중요합니다. 이런 활동은 발표력과 적극적인 성격 형성에도 도움을 줍니다.

4．韩国文字的教育比英语数学更重要

入学前一定要教给孩子们的是韩国字。最近由于小学1年级的课程中取消了学写韩国字的课程，因此如果提前不知道的话将会很影响在校的学习。特别是1年级初期看不懂书中内容或听写成绩不好的话，将会打击孩子们学习的积极性以导致厌学。如果连韩国字的阅读、写作都搞不好的话，英语、数学肯定也很难进步。1年级的课程大多是以训练孩子听老师的指导和指示以及管理自身为主的方式进行的。孩子们如果可以很好地跟上课程进度，那么提前多给孩子读一些书也是可以的。

5．基础学习

看孩子们的教科书就可以了解教育的基本方向了，现在的教科书科目和内容与以前家长们学习的时代已经完全不同了。现在实行的第七次教育科目的内容基本上可以满足未来10年以内的教育要求。从小学1年级的教育内容开始，不断深化，一直到高中1年级的课程为止已经完全形成了体系。

小学低年级的教育主要是从孩子们比较容易熟悉的生活环境开始，培养孩子们探索钻研的精神。甚至于国语、科学、社会、数学等内容也大多数能够从日常生活中寻找出答案。

国语由听、说、读、写四部分内容构成，孩子们能否积极地参与到课程之中是最主要的影响因素，因此必须在小学1年级之前就开始训练孩子们读书、阅读和听说的能力。进入1年级，学生都会有每天或者1周几次的写图片日记和读后感的作业，因此如果不提前进行练习，则很难养成完成作业的良好习惯。另外，即使日常生活中已经完全能够适应熟悉，但让孩子一口气坐40分钟来上课也不是一件容易的事情，因此要培养孩子学会认真听讲的上课态度。

1）阅读

阅读的时候要养成自己慢慢阅读和大声朗读的习惯。这样的习惯对孩子的发言能力和活泼性格的培养是很有帮助的。

2) 쓰기 : 쓰기의 경우에는 연필 잡는 법, 한글 획순도 미리 가르치는 것이 좋습니다. 요즘은 유치원생도 컴퓨터를 많이 사용하다 보니 손 글씨를 잘 쓰지 못하는 학생들이 많습니다. 연필을 제대로 잡는 초등학생이 한 반에 3~4명 정도밖에 되지 않을 정도입니다. 한글은 쓸 줄 알지만 필순을 모른 경우도 많습니다. '광'자를 쓸 때 '고'에 'ㅇ'받침을 먼저 쓰고 'ㅏ'를 쓰는 식입니다. ?칸에 글씨를 바로 쓰는 연습을 많이 해 보는 것이 좋습니다. 글자를 써 보고 입학하는 아이들의 경우에는 연필 쥐는 법, 획을 긋는 순서, 글씨 쓰는 자세 등이 엉망인 경우가 많습니다. 쓰기의 경우에는 한 번 배우면 평생 가는 습관이기 때문에 올바른 지도를 받게 하는 것이 좋습니다. 한글을 바른 순서와 바른 모양으로 쓰는 연습과 재미있는 내용을 선정해 쓰도록 배웁니다. 한글을 모르고 들어가도 수업을 따라가는데 지장은 없지만 또래에 비해 자신감이 떨어질 수 있으니 부모의 지도가 필요합니다.

수학은 아이들이 활동을 통해 개념 파악하도록 구성되어 있습니다. 수학은 수학책과 연습문제가 있는 수학 익힘 책으로 수업합니다. 교과서는 기본문제를 풀어 일정 점수 이상이 나오면 심화문제까지 풀도록 구성되어 있습니다. 엄마가 미리 교과서를 풀려보고 아이의 실력을 점검해 볼 필요가 있습니다. 단원별로 능숙하게 문제를 푸는 숙달기간이 아이마다 다르지만 진도는 규칙적으로 나가기 때문입니다. 아이가 어느 부분에서 어려움을 겪게 될지 미리 체크하고 연습하면 도움이 됩니다. 1학기에서 50까지 수를 이용해 '가르기'와 '모으기'는 아이들이 열심히 연습해야 합니다. 2학기에는 100까지의 수를 가지고 1학기와 같은 형태로 배웁니다. 1학년 때는 덧셈과 뺄셈을 빠르고 정확하게 계산할 수 있도록 훈련하는 것이 좋습니다.

슬기로운 생활은 사회와 과학 분야를 다루고 즐거운 생활은 예·체능분야입니다. 바른생활과 생활의 길잡이는 도덕교육을 다룹니다. 아이들은 이 과목들을 통해 읽고 함께 생각하고 얘기 나누기를 더합니다. 그러므로 아이가 약한 부분을 보완해 주면 더욱 즐거운 수업시간이 될 것입니다.

한자공부는 모든 교과 내용과 관련이 있어 꼭 시켜야 합니다. 초등학교 교과서에 나오는 한자는 600~800자(한자인증시험 6급수준) 정도입니다. 학교 입학하기 전에 한자인증시험 6급까지는 아니더라도 7급~8급(150자) 수준의 한자를 미리 익혀두면 교과서에 나오는 낱말 뜻을 이해하는데 도움이 될 것입니다.

많은 초등학교에서 '한자 인증제'와 '줄넘기 인증제'를 실시하고 있습니다. 1학년 2학기부터 6학년 2학기까지 각자의 수준에 맞게 준비하여 통과하면 인증서를 줍니다. 모든 아이들이 인증서를 받는 것은 아니지만 평소에 연습해 두면 큰 어려움 없이 통과할 수 있습니다.

초등학교에 입학하기 전에 그림 그리기와 악보보기, 기초체력운동을 해두면 활동 중심 수업에 잘 적응할 수 있습니다. 입학 전 아이들을 위한 겨울 교육프로그램이 많이 실시되고 있으므로 집이나 가까운 교육기관을 이용해도 괜찮습니다. 또 태권도를 배우면 줄넘기를 포함한 기초체력운동을 같이 배울 수 있습니다.

2）写作

写作的时候，教给孩子拿铅笔的方法以及写字的笔顺是很有好处的。最近由于幼儿园里也常常使用电脑，因此孩子们用手写字的能力日趋下降。现在1个班里能够正确拿铅笔的孩子也就只有3，4个人，虽然会写字但是对于写字的笔顺却大都不太知道。例如在写"광"字的时候，很多小朋友写出了在"ㄱ"后先写"ㅇ"，然后再写"ㅏ"这样的错误笔顺。在[]格里多多练习韩国字的书写也是很有帮助的。入学之前练习过书写的孩子也有很多对于拿铅笔的方法、写字的笔顺以及写字的姿势不熟悉的情况。对于书写的习惯，常常是学过一次的顺序会影响到终生的汉字书写，因此应该从头开始养成良好的习惯。练习的时候，应该选择有趣的内容来进行正确的书写顺序和秀雅字迹的训练。如果不认识字就进行课程学习，虽然并无大碍但却常会因为跟同龄人比较而影响自信心，所以父母们应该好好地进行指导。

数学常常是在活动中形成各种概念的，数学课教材是由数学课本和数学练习册组成，教科书的组成都是先有基本题目，解决以后再进入提高题目部分。家长们没有必要预先先做练习题然后再检查孩子们的水平，因为虽然每个孩子对于每个单元做题的熟练程度都不一样，但是最终的进度因为都是规定好的，所以家长们只需要看看哪个部分是孩子的薄弱环节，然后有的放矢的进行纠错即可。第一个学期会学到数字50，根据要求进行"分类"和"合并"，需要孩子们进行努力的练习。第二学期会学到数字100，方式与第一学期相似。第一年的时候，需要学会如何正确的使用加减法。

聪慧的生活是社会和科学课，高兴的生活是艺体能课，良好的生活以及生活的领路人是思想品德课。孩子们通过这个课可以一边读一边思考，也有很多机会可以相互讨论。所以只要弥补孩子有所欠缺的部分就可以顺利地度过上课的时光。

韩国字的学习无论是教学内容还是其他相关的内容一定要非常重视。小学课本中出现的韩字有600-800个左右（大概相当于韩字认证考试6级水平）。在入学前即使不能达到6级水平，如果有7-8级的水平（大概有150个字）那么对于课本中出现的词和意思也就能够更好地理解。

韩国小学现在基本都举办了"韩字认证节"和"跳绳认证节"，从1年级第2学期开始一直到6年级第2学期的学生，根据各自的水平来进行准备，如果通过的话即可获得认证书。虽然不是所有的学生都能够获得认证书，但是只要平常努力学习取得证书则不会有太大的问题。

小学入学前，像画画和识谱这样的基础素质活动如果能够有所接触的话，对于以这些活动为中心的课程则能够更好的适应。入学前可以学习和参加在家或者就近教育机关为孩子们主办开设的各项寒假教育项目，另外，如果学习跆拳道的话对于包括跳绳在内的体育能力运动也是很有帮助的。

취학 후 알아야 할 내용

1. 학교에서의 하루 일과

초등학교 1학년은 입학 후 약 한 달간 오전 9시에 등교해 오전 11시 경에 하교합니다. 우리들은 1학년 교과서를 통해 학교생활 전반에 대해 배우기 때문에 교과서나 준비물도 많지 않습니다. 4월부터는 4교시까지 수업하고 대부분의 학교에서 급식을 시작합니다.

1) 등교하기

등교 시각은 8시 30분 전후가 일반적입니다. 수업이 오전 9시 경에 시작하기 때문에 수업 시작 전 20~30분 전에 학교에 도착해서 수업 준비를 하도록 지도해야 합니다. 아이가 학교에 너무 일찍 도착하면 선생님이 없이 아이들끼리 빈 교실을 지켜야 하기 때문에 위험하고, 또 너무 늦게 도착하면 자습 활동이나 당번 활동에 참여하지 못하므로, 반드시 정해진 시각에 학교에 도착할 수 있도록 도와주어야 합니다.

2) 아침 자습 활동

학교에 도착하면 친구들과 인사를 나누고 제자리에 앉아 조용히 아침 자습 활동을 합니다. 그림 그리기, 학습지 풀기, 동화책 읽기 등 선생님과 미리 약속했거나 그날 제시한 자습 활동을 합니다.

3) 수업과 쉬는 시간

1학년은 한 과목당 수업 시간이 40분이며, 쉬는 시간은 10분입니다. 학습 내용에 따라 전체 학습, 개인별 학습, 분단별 학습이 이루어지고, 운동장에 나가 체육 활동을 하거나 도서실, 음악실, 컴퓨터실 등 특별 교실에 학습을 하기도 합니다.

4) 간식과 점심 급식

대개 2교시가 끝나면 간식으로 우유 급식을 하고, 4교시 후에는 점심 급식을 합니다. 식당이 따로 있는 학교에서는 식당에 가서 식사를 하지만, 대부분 학교에서는 급식실에서 음식을 가져다 교실에서 식사를 합니다.

5) 하교하기

점심식사가 끝나면 하교할 준비를 합니다. 이때에는 숙제와 내일 가져올 학습 준비물 등을 알림장에 꼼꼼히 적어야 합니다.

入学后需了解的内容

1. 学校每天的课程

小学入学后大概1个月的时候是早上9点上学、11点左右放学。因为基本上是使用"我们的1年级"这套教材来进行学校的活动，所以基本上需要准备的其他材料也不算太多。从4月份开始因为要上4节课，所以大部分学校会提供午餐。

1）上学

一般入校时间为早上8点半左右。因为早上9点开始上课，所以一般提前20-30分钟来到学校先做准备，有利于课程的顺利进行。如果孩子过早入校，那么可能因为老师还没有到，只有自己一个人在空教室里待着，这样会是很危险的。但是如果太晚到的话，也会导致自习活动或者一些提前预备活动没有办法参加，因此一定要保证孩子们能够准时地入校。

2）早自习活动

进入学校，跟朋友们简单的行礼之后就要安静地坐到自己的位子上面进行早自习，主要是做一些老师预先布置好的内容例如画画、做练习册、读童话书等等自习活动。

3）上课和休息时间

1年级的课程安排是1节课40分钟，中间休息10分钟。根据学习内容的不同，由全体学习、个别学习、分组学习等方式，以及在运动场上进行体育活动或者在图书馆、音乐室、电脑室等个别教室进行的活动情况也是有的。

4）点心和午餐提供

学校一般是在2节课后提供牛奶作为点心，在4节课后提供午餐。如果有食堂的学校就去食堂就餐，但大部分学校是将午餐车推到教室外然后孩子们在教室里用餐。

5）放学

吃过午餐后就可以准备放学了。这个时候应该将作业和明天需要准备的内容认真的抄写记录下来。

2. 알림장

알림장은 다음 날 준비물을 학부모에게 알려 주는 전달 매체일 뿐 아니라 학부모가 가정에서 담임선생님에게 연락을 보낼 때에도 사용하는 매개체로 활용할 수 있습니다. 그래서 아이가 학교에서 돌아오면 가장 꼼꼼하게 살펴보아야 할 것이 알림장입니다. 알림장은 수업에 필요한 준비물이나 과제, 가정통신문이나 기타 전달 사항이 적혀 있습니다. 알림장만 잘 살펴도 아이가 학교에서 무엇을 공부했는지 ,어떻게 생활하는지 알 수 있다고 합니다. 1학년의 경우 3월에는 선생님이 지시내용을 프린트로 내어 주지만 4월부터는 아이가 직접 쓰도록 지도합니다. 요즘은 알림장 내용을 학급 홈페이지에 올려서 아이들이 전달 사항을 빠뜨리는 부분이 없도록 배려하기도 합니다. 따라서 학급 홈페이지를 살펴보거나 같은 반 엄마들 끼리 정보를 공유하면서 아이가 알림장을 제대로 쓰고 있는지 확인해 보아야 합니다. 알림장에 적힌 과제나 준비물, 전달사항은 꼼꼼하게 처리해서 아이가 학교생활을 성실하게 할 수 있도록 도와주는 것은 기본입니다. 학부모는 담임선생님께 조언을 구하거나 알려야 사항이 있을 때, 몸이 아파 병원예약으로 조퇴를 부탁할 경우, 특별한 사정으로 과제를 못했을 경우, 집안에 경조사가 있거나, 현장체험으로 결석을 하게 되거나 할 경우에 사용합니다.

2．通知册

通知册不仅是将明天要准备的物品通知父母的工具，而且也是家长们将家里面的事情向学校老师汇报的工具。因此孩子们如果放学回家以后首先要做的就是打开通知册。通知册上记录着上课所需的准备物品、要制作的物品以家庭通信文以及其他要转达给父母的事项。只需要阅读通知册，就可以知道今天孩子在学校学习了什么，以及在学校的表现如何了。1年级学生在3月份老师的指导内容是打印出来的，但是从4月份开始就由老师指导学生们自己填写了。最近由于通知册的内容都跟根据不同的年级上传到了各自年级的网站上，因此也可以通过网站检查孩子们是否在通知册上正确的、无遗漏的记录了内容。同时，一个班的妈妈们共享信息，也能够知道孩子们是否正确无误的填写了通知册。家长们要仔细阅读通知册上面要求准备的物品以及传达的内容，并且认真的准备，这样才能够更好地帮助孩子们在学校里进行学习生活。家长们也可以在有意见以及有事情需要告知老师，例如由于孩子身体不适预约了去医院看病而需要早退、由于特殊情况没有办法准备上课所需物品、家里有婚丧事，以及由于现场体验活动而不得已缺席等情况时灵活运用此通知册。

3. 가정환경 조사서 작성법

입학하면 담임선생님이 가장 먼저 나누어 주는 것이 가정환경 조사서입니다.

가정환경 조사서는 학교에 따라 양식이 조금씩 다르지만, 가정환경 조사서를 작성할 때는 사실대로 작성해야 합니다. 담임선생님이 아동을 정확히 이해해야 학교생활 중에 발생할 수 있는 여러 가지 문제를 적극적으로 해결할 수 있기 때문입니다.

가정환경 조사서

20**학년도 OO초등학교								( )학년 ( )반 ( )번		
전 학년도 학반			( )초등학교 제( )학년 ( )반 ( )번 담임( )							
① 성 명	한글		②전화번호		③ 주민등록번호					–
	한자		집:							
④주소		시 구 동 통 반 번지(아파트 동 호)								
⑤ 가 족 상 황	관 계	부	모	본교 동거 학생						
	성 명			( )학년 ( )반 이름 :						
	나 이	만( )세	만( )세	( )학년 ( )반 이름 :						
	휴대폰			( )학년 ( )반 이름 :						
	직 업			가족사항 중 특이할 만한 내용						
⑥학생 본인의 장래희망			⑦부모가 바라는 장래희망							
⑧어린이의 특기		취미		현재 신체 이상 및 질병						
⑨ 가정 환경	이메일주소		도서보유현황	학습조력자	보훈대상자	유·무				
			권		생활보호대상자	유·무				
	소유한 자격증		⑩ 컴퓨터관련	컴퓨터보유	인터넷통신	프린터				
				유·무	가능·불능	유·무				
⑪교내특기적성 수강부서			⑫교과 선호도	자신 있는 교과: 자신 없는 교과:						
⑬학원수강(전부)										
⑭어린이의 특징이나 담임선생님께 부탁하고 싶은 내용 (학습, 건강, 성격, 진로 지도 등)										

3．家庭环境调查表的填写方法

入学后学校老师首先发给学生的就是家庭环境调查表。

虽然家庭环境调查表由于学校不同样式有所不一，但都需要如实填写，教师只有根据此表来全面准确的了解孩子后才能够对于学生在学校可能发生的种种问题有的放矢地给予解决。

家庭环境调查表

20**学年度**小学				（ ）年级（ ）班（ ）号		
前 学 年 班级	（ ）小学（ ）年级（ ）班（ ）号　班主任（ ）					
①姓名	韩字		②电话号码	③身份证号码		
	汉字		宅电：			
④地址	市　　区　　洞　　栋　　号　（　　小区　栋　　号）					
⑤家庭情况	关系	父	母	同住的本校学生		
	姓名			（ ）年级（ ）班 姓名：		
	年龄	（ ）岁	（ ）岁	（ ）年级（ ）班 姓名：		
	手机			（ ）年级（ ）班 姓名：		
	职业			家庭情况中的特别事项		
⑥学生本人将来的志向				⑦学生父母对学生的期望		
⑧孩子特长		爱好		现在身长及是否患病		
⑨家庭情况	电子邮件地址		现有图书量	学习帮助者	保训对象	有 无
			（ ）本		生活保护对象	有 无
	资格证		⑩电脑相关事项	有无电脑	是否会上网	有无打印机
				有 无	会 不会	有 无
⑪校内特长教育学习课程			⑫教学科目喜好度	有信心的科目：无信心的科目：		
⑬学院授课（全部）						
⑭学生的特征以及须要特别交待的事项（学习、健康、成绩、指导方向等）						

4. 결석, 지각, 조퇴

아동이 결석이나 지각, 조퇴를 해야 할 경우에는 미리 담임선생님에게 알려야 합니다. 갑작스런 일로 결석을 하게 되어 미리 알릴 수 없는 경우에는 담임선생님께 알리고, 부득이한 경우 다음날이라도 반드시 사유를 밝혀야 합니다.

결석계는 특별한 양식이 없으며 언제, 어떤 이유로 결석을 했는지 써서 보내는 것이므로 편지의 형식을 취하거나 알림장에 적어 보내도 됩니다.

결석으로 처리하지 않는 경우

천재지변 또는 수두, 홍역 등의 법정 전염병으로 인한 불가항력의 경우, 학교장의 허락을 받아 공식 행사에 참여하거나 학교 대표로 경기 등의 행사에 참여한 경우, 집안의 경조사 참여할 경우입니다. 특히 경조사에 대한 특별 휴가는 다음과 같습니다.

구 분	대 상	일수
결 혼	· 형제, 자매, 삼촌, 외삼촌, 고모, 이모	1
회 갑	· 부모 및 부모의 직계 존속	1
	· 부모의 형제, 자매 및 그의 배우자	1
	· 형제, 자매 및 그의 배우자	1
사 망	· 부모 및 부모의 직계 존속	7
	· 부모의 형제, 자매 및 그의 배우자	3
	· 형제, 자매 및 그의 배우자	3
	· 조부모, 외조부모의 형제, 자매와 그의 배우자	3
탈 상	· 부모 및 부모의 직계 존속	2
	· 부모의 형제, 자매와 그의 배우자	1
	· 형제, 자매 및 그의 배우자	1

4. 缺课、迟到、早退

如果孩子会出现缺课、迟到、早退应提前向老师报告。如出现无法提前预测的紧急情况，那么也应向老师说明，不得以的话也一定要在第二天讲明事由。

缺课事由书并没有固定的样式，只需要将什么时候、为什么缺课等记录清楚写成信的样式然后夹在通知册中转交给老师即可。

不按照缺课处理的情况一般有以下几种：

天灾或者水痘、麻疹等法定传染病等不可抗拒的因素，得到校长的许可参加某项公开活动、代表学校参加某项活动、家里有婚丧事必须要参加的情况，可特别按照以下规定给予特别休假。

分类	对象	天数（天）
结婚	·兄弟、姐妹、叔叔、舅舅、姑妈、姨妈	1
生日	·父母及父母的直系亲属	1
	·父母的兄弟、姐妹及配偶	1
	·兄弟、姐妹及配偶	1
伤亡	·父母及父母的直系亲属	7
	·父母的兄弟、姐妹及配偶	3
	·兄弟、姐妹及配偶	3
	·祖父母、外祖父母的兄弟、姐妹及配偶	3
脱丧	·父母及父母的直系亲属	2
	·父母的兄弟、姐妹及配偶	1
	·兄弟、姐妹及配偶	1

5. 전학

전학을 시키려면 먼저 다니던 학교의 담임선생님에게 그 사실을 미리 알립니다. 그 후 학교에 두었던 아동의 개인물품을 챙기고, 학교 행정실에 문의해서 급식비나 특기 적성 교육비의 미납, 환불 사항을 처리합니다. 또 해당 은행에 가서 스쿨 뱅킹을 취소해야 합니다.

그리고 이사를 한 후에는 동사무소에 전입신고를 하고 아동의 이름과 주민등록번호, 취학할 학교명이 적힌 전입신고서 접수증을 받아야 합니다. 그 접수증을 전입할 학교 교무실에 가서 내면 전·입학 처리 담당자가 반을 정해서 가르쳐 줍니다.

전학을 시킬 때에는 전학하는 날과 전입하는 날 사이에 최대한 공백이 없도록 하는 것이 좋으며, 아동은 보통 전입하는 날에도 공부를 하므로 기본적인 교과서를 챙겨 가는 것이 좋습니다. 그 외에 여러 가지 학적 서류는 학교끼리 처리하므로 크게 신경 쓸 필요가 없습니다.

6. 재량 활동 시간

재량 활동의 내용은 학생들의 자기 주도적 학습 능력을 촉진시키기 위한 창의적 재량 활동에 역점을 두고 있습니다.

현재 초등학교에서는 일주일에 2시간 정도의 재량 활동을 하는데, 그 중 한 시간은 컴퓨터 교육이고 나머지 한 시간은 학교에서 정한 자율적인 활동을 하고 있습니다. 재량 활동내용으로는 안전교육, 환경교육, 통일교육, 심성교육, 성교육 등의 범교과 학습과 체험학습, 실험 관찰, 조사, 수집, 견학 등의 직접 체험 학습 등이 있습니다.

7. 특별 활동 시간

특별 활동은 학생들이 집단생활을 하는 데 필요한 민주 시민 의식과 봉사 정신을 기르고 개성과 소질을 계발하는 활동입니다. 특별활동은 자치, 적응, 계발, 봉사, 행사 활동 등 다섯 가지 영역으로 나누어져 있습니다.

새로운 환경이나 상황에 적응할 수 있는 능력을 기르기 위한 적응활동, 개인의 특기와 소질을 이끌어가는 계발활동, 학생들 스스로 문제점을 찾아 토론하고 결정하는 자치활동, 각종 행사에 참여하는 행사활동, 다른 사람과 더불어 살아가는 능력을 기르는 봉사활동 등으로 다양해졌습니다.

1학년은 특별활동의 영역중 적응 활동의 비중이 가장 많습니다. 적응활동의 내용은 기본 생활습관 형성활동과 친교활동, 상담 활동, 진로활동, 정체성 확립활동 등입니다.

5. 转学

如要转学，应先将此情况反映给学校班主任老师，将儿童的个人物品整理后，到行政室缴纳未缴纳的餐费以及特别特长教育费或收取退还的餐费和特别特长教育费，然后去开设学校账户的银行进行注销处理。搬家后，去新的洞事务所填写转学申请，获取记录有儿童的姓名、身份证号码、将要入学的学校名的转入申请书登记证。持此登记证提交给将要入学的学校教务室，教务室有关人员就会对转学事项进行处理后通知学生家长。

如果要转学的话，请尽量缩短离开先前学校与进入新学校之间的空白期，一般在进入新学校的当天孩子就可以跟着上课了，所以请务必将基本的教科书等准备好。另外的一些转学事宜学校都会有专人处理因此也无需太多操心。

6. 才量（才能与度量）活动时间

才量活动的内容是为了促进学生们的自我主导学习能力，以创意性的才量活动为重点进行的。现在小学1个星期有2个小时的才量活动时间，其中1个小时为计算机教育，另外1个小时为学校决定的自由活动。才量活动的内容一般由安全教育、环境教育、统一教育、心性教育、性教育等法教育以及体验学习、实验观察、调查、收集、参观等直接实践体验学习而构成。

7. 特别活动时间

特别活动是对孩子们进行在集体生活时所必需的住民、市民意识和志愿服务精神等的教育，以及为启发个性和素质教育而进行的活动。特别活动一般由自治、适应、启发、志愿、活动等五个领域所组成。其中有为了培养孩子适应新环境、新情况能力的适应活动，推动个人个性和素质发展的启发活动，孩子们自己发现问题、讨论问题、解决问题的自治活动，参加活动以及关心其他人的志愿活动等。

1年级的特别活动中以适应活动所占的比重最大。适应活动的内容包括基本生活习惯的形成活动、亲校活动、商谈活动、前进活动、政体性的确立活动等。

8. 특기 적성 교육 활동

특기 적성 교육 활동은 학교 정규 수업 시간 이후에 학생들의 소질, 적성을 조기 계발하고 창의력 신장 및 인성 교육의 성과를 높이고자 실시하는 것입니다. 지도 교사는 교내 강사와 외래 강사가 있는데 각 프로그램마다 학교장이 책임을 지고 운영하기 때문에 강사나 프로그램의 수준이 높은 편입니다.

활동부서는 영어, 수학, 컴퓨터, 현악, 단소, 태권도, 플루트, 미술, 발명, 과학, 서예, 한자 등 다양합니다.

수강료도 사설 학원에 비해 저렴하기 때문에 사교육비를 줄일 수 있습니다.

또한 요즘은 맞벌이 부부가 늘어나면서 학교에서 일찍 돌아온 아이가 학원을 전전하는 경우가 많은데, 특기 적성교육 활동을 이용하면 훨씬 안전하고 효과적인 교육을 할 수 있습니다.

특기 적성교육 활동은 분기별 또는 학기별로 이루어지며 활동 시간은 오후 2시에서 5시 사이입니다.

9. 현장 체험 학습

현장 체험 학습은 다른 말로 가족 동반 체험 학습이라고도 하며 학교와 수업의 울타리에서 벗어나 생생한 자연환경과 다양한 체험 활동을 경험하여 교과 학습을 돕고 가족 간의 이해 증진 및 바른 인성 함양을 목적으로 하고 있습니다.

가족 단위 체험 학습은 가족 행사, 위문 봉사 활동 등의 사회적 행사, 도자기 축제, 관광 엑스포 등의 문화 행사 등에 참여하여 현장 체험을 할 수 있습니다.

현장 체험 학습을 실시하기 위해서는 일정한 절차가 필요합니다. 먼저 학교에 비치된 체험 학습 신청서(인적 사항, 기간, 장소, 학습 계획)를 작성해 약 3일 전에 담임선생님에게 신청 합니다 국내 활동은 학교장이 승낙한 기간 동안 참여할 수 있고 외국 체험은 1주일 이내로 제한하고 있습니다.

8. 特长教育活动

特长教育活动是在学校的正规课程结束后，为开发学生的综合素质、激发创意性、提高人性教育成果而设立的。指导老师可以为校内老师也有可能是外部聘请来的老师，因为每个不同课程都是由校长直接管理，因此老师和课程的水平普遍都比较高。

活动的课程常常有：英语、数学、计算机、弦乐、笛子、跆拳道、长笛、美术、发明、科学、书法、汉字等等。

学费也比外部学院的费用便宜得多，因此也可以大幅度降低课外教育的费用。另外最近父母双方都工作的情况越来越多，孩子们如果早回家的话就被送去学院学习，如果能够充分利用校内的特长教育活动，则更加安全也会取得更好的效果。

特长教育活动根据科目以及学期的不同，每天的活动时间在下午2点到5点之间。

9. 实地体验学习

实地体验活动不是别的，就是以辅助学习生活、增进家庭成员间的理解和良好人性的培养为目的而和家庭成员一起进行的体验学习，让孩子从学校学业的枷锁中解脱出来，多接触自然环境的多样化体验活动。可以是参加以家庭为单位的家庭体验活动、慰问志愿活动等社会性活动，也可以是参加陶瓷器节、观光展览会等文化活动。

参加实地体验活动是需要按照一定顺序进行的。首先应在活动3日前向班主任老师提交填写好的学校规定的实地体验学习申请书（包括人员、期间、场所、学习计划等），国内的活动校长可以决定能够给予几天期限，国外的活动以1周为限。

현장 체험 학습 신청서

소 속	OO 초등학교 제 1 학년 1 반 25번
학생성명	이 하 늘
주 소	OO시 OO동 112번지 OO아파트 OO동 OO호
연락전화	OOO - OOOO - OOOO
위 학생은 본인의 자녀로서 전인적 인격향상을 위한 가족체험학습을 실시하고자 다음과 같이 신청하오니 허락하여 주시기 바랍니다.	
1. 체험 학습 과제	중국 상하이의 역사와 문화 탐방
2. 체험 학습 장소	중국 상하이와 항주
3. 체험 학습 기간	OOOO년 7월 1일부터 7월 5일까지(5일간)
4. 체험 학습 방법	직접 탐방 / 문화재 및 공연 관람
OOOO년 6 월 20 일 신청인 : 보호자 이 은 영 (인) OO 초등학교장 귀하	

결재	담임	교무	교감	교장

实地体验活动申请书

所属单位	＊＊ 小学 1年级 1班 25号
学生姓名	李하늘
地　　址	＊＊市 ＊＊洞 112番地 ＊＊ 小区 ＊＊栋 ＊＊号
联系方式	＊＊＊－＊＊＊＊－＊＊＊＊

本学生为本人的子女，为了培养子女的良好人格，现将家庭体验活动实施的
相关事项呈列如下，请批准！

1．体验学习课题	中国上海历史和文化探访
2．体验学习场所	中国上海、杭州
3．体验学习时间	＊＊＊＊年7月1日到7月5日（5天）
4．体验学习方式	直接探访/观赏文化节和演出

＊＊＊＊ 年6月20日

申请人：监护人 이은영（印）

＊＊ 小学校长贵下

裁决	班主任	教务	校监	校长

10. 급식

급식은 학교에서 정기적으로 공급하는 식사입니다. 보통 우유 급식과 점심 급식이 있는데 우유 급식은 1교시나 2교시가 끝난 후 실시합니다. 이것은 아동들에게 균형 있는 영양식을 공급해 아동의 영양을 개선하고, 올바른 식습관 지도를 통해 사회성을 기르며 학부모의 식비 절감에 도움을 준다는 장점이 있습니다.

급식 식단은 영양사와 급식 운영 후원회에서 협의하여 매월 작성하며, 새롭게 작성된 메뉴는 급식비를 청구하는 가정통신문과 함께 아동을 통해 각 가정에 전달됩니다. 급식비는 일률적으로 정해져 있으며 대체로 각 가정에 전달됩니다.

간혹 간식을 준비시키는 학부모가 있는데, 이것은 교육적으로 역효과를 불러일으킬 수 있으므로 준비하지 않는 것이 바람직합니다.

11. 그림일기 지도법

그림일기를 매일 쓰는 것은 아이에게 귀찮고도 힘든 일입니다. 매일 똑같은 일들이 반복되는데 무엇을 써야 하고 무엇을 그려야 할지 답답할 뿐입니다. 이렇게 아이들이 일기 쓰기를 힘들어하는 것은 일기에 대한 개념을 잘못 알고 있기 때문입니다. 일기는 그날 일어난 일들을 나열하여 쓰는 것이 아니라 느낌을 적는 것입니다.

항상 하는 일이라도 느낌이나 생각이 다를 수 있기 때문에 같은 소재를 가지고 여러 가지로 다르게 쓸 수가 있습니다. 그러므로 느낌을 글로 표현하는 능력이 부족한 것도 아이들이 일기 쓰기를 어려워하는 원인이 됩니다.

일기는 우리의 생활을 되짚어 보게 함으로써 사고하는 능력이나 관찰능력, 그리고 표현능력을 길러 주는 좋은 수단입니다. 또한 느낌을 그림으로 표현하면서 창의력을 키울 수도 있습니다. 이 같은 그림일기의 좋은 점을 감안해 볼 때, 그림일기를 습관적으로 쓸 수 있는 태도를 아이에게 심어 주는 것은 아주 중요합니다. 여기에서 엄마들이 꼭 유념하셔야 할 점은 그림일기를 지도하는 데 있어서 무엇보다도 중요한 것은 아이의 흥미를 유발시켜야 한다는 것입니다. 흥미가 없는 곳에선 어떤 교육도 이루어지지 않습니다.

10. 伙食

学校正式提供共同的伙食，一般在第一节课或者第二节课结束后提供牛奶作为中间点心，中午时间提供午餐。这些都是为改善儿童的营养而提供的均衡营养餐，除了教育孩子们养成良好的饮食习惯之外，也能够培养孩子们的社会性，同时还有可以减少父母家庭饮食开支的好处。

提供的饮食菜单是由营养师和饮食运营后援会每月联合制定，新制定的菜单所需伙食费都会通过发到儿童手中的家庭通信文来告知家长，伙食费都是固定的，只需要将此费用传达给每位学生家长即可。

有些父母会为孩子准备一些零点，但因为这样会对孩子们的饮食教育起到负面影响，所以请家长不要为孩子准备零点。

11. 图片日记指导方法

每天写图片日记常常会令孩子们感到烦倦，每天发生的事情几乎都差不多，那么每天要写些什么，画些什么，确实常会让孩子们感到头疼。如果出现以上情况，那么只是孩子们还没有很好的理解为什么要写图片日记的原因。写日记不是为了记流水账，而是为了将不同的心情记录下来，虽然做的事情常常是相类似的，但是针对同样的素材，感情和想法也会有很多不同的地方，日记也可以千变万化。另外，由于孩子们用文字语言表达自己想法的能力有限，这也是孩子们觉得日记难写的原因之一。

写日记是锻炼孩子们对生活的思考能力、观察能力和表达能力的一种很好的手段，另外，在将感觉用图画的方式表现出来的同时，也同时能够培养孩子们的创意力。因此，考虑到图片日记的种种好处，家长们培养孩子养成写日记的习惯是至关重要的。在这里，妈妈们在指导孩子们写图片日记时，一定要将激发孩子的兴趣摆在首要位置，如果没有兴趣，教育也会寸步难行。

※ 다음은 그림일기 지도의 구체적인 방법입니다.

1) 아이가 그림일기 쓰는 것을 지겨워하면 강요하지 말고 형식을 변화시켜 흥미를 유도합니다.

엄마들이 가지고 있는 그림일기에 대한 고정관념을 버리셔야 합니다. 그러기 위해서는 시중에 나와 있는 그림일기 공책보다는 아무 줄도 쳐 있지 않은 공책을 마련하시는 것이 좋습니다. 때에 따라서는 그림을 더 크게 그리고 싶을 때도 있고, 글을 더 많이 쓰고 싶을 때도 있기 때문에 그림과 글의 구분이 정해져 있지 않은 공책이 좋습니다.

그림을 그릴 때도 크레파스만을 고집할 것이 아니라 매직펜이나 사인펜을 사용하게 한다거나 밑그림을 그리고 그 위에 여러 가지 잡지의 그림을 오려 붙이는 꼴라쥬 방식, 또는 먹물, 잉크, 물감 등 재료에 변화를 주면 아이들의 흥미를 끌 수 있습니다. 또한 글을 쓰는 형식도 일기체로만 쓰게 할 것이 아니라 동시나 편지글 등으로 형식에 제한을 두지 않습니다.

2) 느낌을 글로 표현하는 것이 처음에는 어렵습니다. 그러므로 엄마가 말로서 느낌을 정리해 주는 것이 필요합니다.

오늘 하루를 머리 속에 그려보게 하면서 "아침에 무슨 일을 했니?" "기분이 어땠는데?", "어떻게 하면 좋은 기분을 가질 수 있을까?" 등의 질문을 하면서 일기 쓸 소재를 찾아내게 합니다.

예를 들어 놀이터에서 놀았다는 얘기를 쓸 때 대부분의 아이들은 재미있게 놀았다는 느낌 외 에는 쓰지 못합니다. 이럴 경우에 엄마가 "시소에 앉았을 때 차갑지 않았니?", "왜 차가울까? 차갑지 않으려면 어떻게 하면 좋을까?" 하면서 쇠와 나무의 재질을 비교한다든가 다른 아파트의 시소와 비교하게 한다든가, 또는 시소의 색을 말해본다든가 해서 소재를 놀이터보다는 시소로 잡게 하는 것입니다. 즉 커다란 소재보다 조그마한 소재에서 풍부한 느낌을 유발시킬 수 있기 때문에 되도록 작은 것을 소재로 잡아 일기를 쓰게 하는 것이 좋고, 이렇게 함으로써 관찰력과 창의력을 길러 줄 수 있는 것입니다.

3) 일기쓰기의 목적은 맞춤법 공부가 아닙니다.

엄마가 아이의 일기 지도를 할 때 보면 손에 지우개를 들고 계십니다. 아이가 한자 한자 쓸 때마다 맞춤법을 교정하기 위해서입니다. 이것은 바람직하지 않습니다. 글을 쓰는 것은 머리 속의 느낌을 적는 것이기 때문에 느낌의 흐름이 중요합니다. 생각나는 대로 자연스럽게 써나가는데 엄마가 옆에서 자꾸 맞춤법 지적을 하면 흐름이 끊겨서 다음에 쓸 내용이 생각나지 않습니다. 어린아이들은 두 가지 것을 동시에 처리하기가 어렵습니다. 처리 용량이 어른 보다 작기 때문에 맞춤법과 글의 내용을 동시에 생각하기가 어렵습니다. 일기를 쓰는 목적은 우선 표현 능력을 기르는 것이기 때문에 맞춤법은 부차적인 것입니다. 그러므로 맞춤법 교정은 일기 쓰기에 흥미를 잃을 수도 있기 때문에 조금은 자제해 주시는 게 좋겠습니다. 학교에 일기를 제출하면 선생님이 맞춤법 교정을 너무 많이 해주셔서 일기가 온통 빨간색이 되는 경우가 있는데 이것도 아이의 상상력을 억제시키는 요인이 됩니다.

下面具体介绍一下指导图片日记的方法：

1）孩子们写图片日记感到厌倦的时候，不要强迫他们而是应该换种形式激发他们的兴趣。

家长们一定要摒弃以往对于图片日记的观念。因此，比起市面上出现的种种图片日记本来说，用没有行标志的本子来练习则更好。因为有的时候孩子想把画画得大些，有的时候想把字写得多些，因此使用图片和文字区域不是区分得那么清楚的本子则更好。在画画的时候，也不是只用蜡笔，有的时候会用魔力笔，有的时候也会使用信号笔；也有可能是先画个底样，然后在上面画多种不同版式的图画，又或者使用墨水、墨汁、染料等使画儿变化万千，以激发孩子们的兴趣。另外写字的样式也不只是日记体，同时也可以是书信体等多种样式。

2）刚开始用准确的语言表达想法不是一件容易的事情，因此妈妈们应该帮助孩子整理出合适的语言。

今天一天的事情应该先在脑子中回想一下"早上有什么事情"，"心情怎么样"，"怎么做才能心情愉快"等问题然后再找到合适的素材来写日记。

例如，当写到在游乐场游玩的事情时，大多数孩子都只会写在游乐园玩得很开心，别的则不懂得该怎么写。这样的情况，妈妈应该提示孩子"在游乐场坐得时候坐的地方是不是冷啊？"，"为什么冷啊？如果想要暖和的话应该怎么做呢？"等的同时，比较一下树木有什么不同，以及自家小区的设施和其他的小区有何不同，或者说说设施的颜色等。不要把目光放在游乐园上等宏观概念上，而是放在设施等这样的微观概念上。比起写大概念的东西，用更丰富的感情去写小概念的东西，更注重细节的描写，这样也能够更好的培养孩子的观察力和创意力。

3）写日记的目的不是为了应付学习。

很多妈妈们在指导孩子写日记的时候，为了一个字一个字的修改，常常是一边指导一边手里拿着橡皮，但请各位家长千万不要这样做。写字只是将脑子中所想之事表达出来，因此能够表达出来才是最重要的。如果妈妈们在孩子写日记的时候不停的在旁边修改缀字法，那么就会打断孩子的思路，以后想写些什么也就随即忘记了。孩子们一般"一心二用"的能力很差，因为孩子们处理问题的容量比成人来讲小了太多，因此还没有能力一般考虑缀字法，一般考虑要写的内容。写日记的本来用意首先是为了培养孩子们的表达能力，其次才是否能够使用正确的缀字法。因此如果只是一味的纠正缀字法，那很可能会使孩子们失去写日记的兴趣，所以应该给孩子更多的空间和自由。但是目前在学校里，老师会对交上来的日记修改缀字法，如果满篇都是红色的修正痕迹那么也会大大的抑制孩子们的想象力和发挥力。

12. 학부모가 참여할 수 있는 단체

학부모는 학교에서 필요로 하는 여러 봉사 활동에 가능한 한 적극적으로 참여하는 것이 좋습니다. 요즘 학교는 교사와 학부모, 학생이 함께 만들어 가는 교육 공간이라는 인식이 강해, 학부모들의 학교 운영 참여와 도움을 적극적으로 수용하고 있습니다.

학부모 단체의 종류로는 학교 운영위원회 ,학부모회, 녹색어머니회, 명예교사회, 급식 도우미, 지역사회 어머니회 등이 있으며 각 학교의 사정에 따라서 약간의 차이가 있습니다.

1) 학교 운영위원회

학교 운영위원회는 학부모 위원, 교장을 포함한 교원 위원 및 지역 위원으로 구성됩니다. 학교 규모에 따라 5명~15명으로 조직하는데 학부모 위원은 학부모들의 직접 선거에 의해 선출합니다. 학교 운영위원이 되면 학교 헌장 및 학칙의 제정 또는 개정, 학교의 예산안 및 결산, 학교 교육과정 운영 등 중요한 학교 운영 업무에 참여하게 됩니다.

2) 학부모회 또는 어머니회

학교에 따라 학부모회나 어머니회 중 하나를 구성하거나 두 가지 모두를 구성하기도 합니다. 각 학급을 대표하는 임원 자격을 갖게 되며 자발적으로 희망하는 사람을 선출하는 것이 일반적입니다. 학부모회나 어머니회 임원이 되면 여러 가지 학교 교육 활동을 돕고, 학부모 연수, 자녀 교육 강좌, 바자회 등의 행사에 참여합니다.

3) 녹색어머니회

녹색 어머니 교통대 라고도 불리는 녹색어머니회는 아침 등교 시간과 하교 시간에 녹색 어머니 제복, 호각, 모자 등을 착용하고 학교 주위의 횡단보도에서 어린이들의 등·하교를 안전하게 지도하는 일을 합니다.

4) 명예교사회

명예 교사는 야외 학습, 현장 학습, 조별 학습 등 담임선생님 혼자 진행하기 어려운 수업일 경우 보조교사로 활동합니다.

5) 급식 도우미

대부분의 공립 초등학교에서는 어머니들이 저학년의 급식 도우미를 맡아 합니다. 학기 초 반별로 급식 도우미가 가능한 어머니들을 모집한 후 순번을 짜서 교대로 운영합니다. 당번은 급식 시간에 맞추어 교실에 가서 선생님을 도와 배식과 남은 음식물 처리를 맡습니다. 의무적인 사항은 아니지만, 가끔 학교를 방문할 수 있는 자연스러운 기회이므로 가급적 신청하는 것이 좋습니다.

6) 지역사회 어머니회

지역사회어머니회는 운동회, 알뜰 바자회 등의 학교 행사가 수월하게 이루어질 수 있도록 직접 혹은 간접적으로 도와주는 활동을 합니다.

12. 学生家长可以参加的团体

学校会有需要家长们参加的若干志愿活动，请家长们尽可能地积极参与。最近学校都会提供一些老师、学生家长和学生们一起参加的教育活动空间，如果家长们能够积极地参与进来则会有所受益。

学生家长团体的种类有很多，例如学校运营委员会、家长会、绿色妈妈会、名义教师会、饮食帮助会、地域社会妈妈会等，每个学校都会根据自己的情况略有所不同。

1）学校运营委员会

学校运营委员会由学生父母委员、包括校长在内的教员委员、以及地区委员等构成，根据学校的规模不同，常常会有5-15名委员组成。学生父母委员是在学生父母们中直接选举产生的。一旦当选为学校运营委员会成员，就要参与学校若干重大运营工作的进行，包括学校宪章及学校规则的制定、修订、学校的预算案和决算案以及学校教育课程的运营等。

2）家长会或者妈妈会

根据学校不同，有的成立了家长会、有的成立了妈妈会，有的两个都成立。一般是自发选择各年级有任选资格的代表、又有当选愿望的人来当选，当选为家长会或者妈妈会的成员就要参与到若干诸如帮助学校教育活动的实施、学生家长研修、子女教育讲座、物品卖出会等活动。

3）绿色妈妈会

绿色妈妈会主要是负责交通事项的协会，由妈妈们在早上上学和放学时间佩戴绿色妈妈的专用制服、帽子和号角，来负责学校附近的人行横道孩子们上学、放学的安全。

4）名义教师会

名义教师是在野外学习、现场学习、组别学习等班主任老师一个人教授难的课程中，进行辅助工作的教师。

5）饮食帮助会

大多数公立小学低年级学生的饮食帮助工作由孩子妈妈们负责。学期初学校先招募每个班可以进行学校饮食帮助的妈妈们，然后排列顺序交替进行帮助工作。当值的工作主要是在餐饮时间内到每个班级的教室帮助班主任老师分餐，以及进行餐后处理的工作。虽然不是义务，但确是一个很自然能够来到学校的机会，所以请家长们尽可能的申请为好。

6）地域社会妈妈会

地域社会妈妈会是直接或者间接辅佐学校的运动会、物品拍卖会等活动的组织。

13. 학부모 오리엔테이션과 학부모회의

각 학교마다 학부모를 위한 다양한 프로그램을 마련해서 학교를 안내하고 자녀 교육 방법을 알려 줍니다. 오리엔테이션 내용은 학교의 현황, 학교의 교육 계획, 주요 교육 활동, 1학년 교육 과정 등이고, 학부모의 학교 교육 활동 참여 방법, 가정학습 지도 방법 등의 기본 내용을 연수합니다.

또 입학후 2주정도 지나면 반별로 학부모회의를 마련합니다. 학부모회의는 담임선생님이 직접 교육철학과 학급 운영에 대해 설명하는 시간이므로 놓치지 않도록 합니다. 특히 이 때에는 학부모들끼리 인사를 나누고 학급 대표를 뽑거나 급식 도우미와 청소 도우미 당번을 정하는 구체적인 활동 계획이 이루어지므로, 꼭 참석해서 참여 의사를 밝히는 것이 좋습니다.

14. 스쿨뱅킹과 홈페이지 등록

초등학교에 입학하면 스쿨뱅킹 자동 납부 신청서를 작성하여 스쿨뱅킹 신청을 하게 됩니다. 스쿨뱅킹(School Banking)이란 학교에 납부해야 하는 급식비, 특기적성 교육 활동비, 현장 학습비, 어린이 신문 대금 등 각종 납부금을 전산망(온라인)을 이용하여 납기일에 학부모(또는 아동)의 예금 계좌에서 학교 계좌로 자동 이체 처리되도록 하는 제도입니다.

또한 요즘은 각 학교마다 홈페이지를 운영하고 있기 때문에 아이의 아이디와 비밀번호 등을 미리 정해 알려 주어야 합니다. 홈페이지에 등록하면, 각종 무료 학습 사이트 접속이나 도서관 이용 등을 편리하게 할 수 있습니다.

13. 学生家长见面会和家长会

　　各学校针对学生父母们开设了多种了解学校情况以及教授子女教育方法的活动。见面会主要包括介绍学校的现况、教育计划、主要教育活动、1年级教育课程、家长参与学校教育活动的方法、家庭学习指导的方法等基本内容构成。

　　另外，入学2周左右会按照班级召开家长会，家长会是班主任老师直接讲授教育哲学和针对年级运营事项进行说明的时间，请家长们务必参加。特别这个时间是学生家长之间互相认识，选举年级代表、饮食帮助者和卫生清扫帮助者的时间，为了保证这些活动能够活动能够顺利召开，请家长们一定不要缺席。

14. 学校银行和网站的登陆

　　进入小学后，学校银行自动缴纳申请书就会自动生成，然后开通学校银行账户。学校银行是利用电算（网上银行），在交纳日时，在父母（或者儿童）的账户上自动扣除学生必须向学校缴纳的伙食费、特长教育活动费、现场学习费、少儿报纸待付款等各种缴纳款项的制度。

　　另外，最近各个学校都有自己的网站，因此应该预先设定好孩子的账号和密码然后通知给学校。登陆网站后，各种免费的学习网站以及图书馆的使用都会变得更加方便。

15. 방학을 효율적으로 보내는 방법

자녀들에게 방학은 1학기 동안의 긴장에서 벗어나 쉴 수 있는 여유 시간이고, 또 그동안 부족했던 점을 보충할 수 있는 좋은 기회이기도 합니다.

자녀와 함께 방학을 보낼 수 있는 시기는 실질적으로 초등학교 때뿐이라고 합니다. 그러므로 부모는 방학이 시작되기 전에 아동 스스로 방학 동안에 하고 싶은 일을 적당하게 정하게 하고, 그것을 어떻게 실천하면 좋을지 함께 상의해서 계획표를 세우는 것이 좋습니다. 계획을 세울 때는 기본적으로 아이에게 주도권을 주는 것이 좋습니다. 물론 계획표를 짜기 전에, 아이와 충분한 대화를 통해 아이가 원하는 목표를 정해야 합니다.

※ 방학 계획표 만들기

1) 방학계획표에 들어갈 내용
  ① 잠자리에 드는 시간과 일어나는 시간을 표시합니다.
  ② 아침 운동하는 시간을 표시합니다.
  ③ 아침 식사하는 시간을 표시합니다.
  ④ 주요 과목을 공부하는 시간을 표시합니다.
  ⑤ 부족한 과목을 공부하는 시간을 표시합니다.
  ⑥ 점심 먹는 시간을 표시합니다.
  ⑦ 책을 읽거나 방학과제 하는 시간도 정합니다.
  ⑧ 특기나 소질을 살릴 수 있는 시간을 표시합니다.
  ⑨ 부모님의 심부름을 하는 시간도 표시합니다.
  ⑩ 저녁 먹는 시간을 표시합니다.
  ⑪ 텔레비전 보는 시간을 표시합니다.
  ⑫ 일기 쓰는 시간을 정합니다.

2) 방학 계획표 만들 때 주의할 점
  ① 꼭 지킬 수 있도록 만듭니다.
  ② 지킬 수 없는 것을 계획하지 않습니다.
  ③ 매일 꾸준히 할 수 있도록 계획합니다.
  ④ 평소에 부족한 공부를 보충하는 계획도 넣습니다.
  ⑤ 평소에 하고 싶었던 일을 할 수 있도록 계획합니다.
  ⑥ 매일 꾸준히 운동하는 시간을 넣습니다.

15. 如何有效利用假期的方法

对孩子们来说，第一学期的假期是放松压力的自由时间，同时利用这一段时间也可以将自己的不足之处找出来然后加以改正和提高。

家长们能够跟孩子们一起度过放假的日子实际上也就是只有小学了。因此，家长们应该在放假开始前就开始问问孩子们放假期间有什么想做的事情，如何做，然后跟孩子们一起商议制定好计划表。制定计划表的时候，应该给孩子尽可能多的主动权，当然在计划表制定之前，应该跟孩子们进行充分的对话，尽可能的按照孩子的愿望来制定。

※ 放假计划表的制定

1）放假计划表的内容

（1）确定起床和睡觉的时间

（2）确定早上运动的时间

（3）确定早餐的时间

（4）确定主要科目学习的时间

（5）确定不足科目学习的时间

（6）确定午餐时间

（7）确定读书和做放假作业的时间

（8）特长和素质提高所需练习的时间

（9）按照家长要求做事的时间

（10）吃晚饭的时间

（11）看电视的时间

（12）写日记的时间

2）制定放假计划表所需注意的事项

（1）一定要确保计划能够实施和完成

（2）不能够完成的事情不要做到计划中来

（3）每天尽量按照计划来执行

（4）平常学习中欠缺部分的补充和提高计划要制定其中

（5）平常想做的事情尽可能地纳入计划中

（6）每天尽可能保证一定的运动时间

도움이 되는 정보

1. 입학 후 가장 많은 문제점과 해결법

1) 친구와 잘 어울리지 못해요

뭐니 뭐니 해도 가장 큰 고민은 바로 친구 문제입니다. 따돌림 받지는 않을까, 나쁜 친구를 사귀지는 않을까, 부모의 마음은 노심초사, 친구와 잘 어울리려면 어떤 노력이 필요할까요?

〈 해결법 〉

(1) 부모끼리 먼저 사귑니다.
1학년 아이들은 스스로 친구를 사귀기 힘들어합니다. 그러므로 하교 후 놀이터에서, 학교 행사에 참여했을 때 엄마들과 자연스럽게 얼굴을 익힙니다.

(2) 또래와의 만남을 주선합니다.
또래와의 만남이 많아도 제대로 다가가지 못하면 친구 사귀기는 어려울 수 있습니다. "고마워", "미안해", "반가워", "나 좀 빌려줄 수 있겠니?", "나누어 먹자!" 등 상황에 따라 건네기 적절한 말을 연습해봅니다.
부모가 먼저 아이의 말에 귀 기울여주고, 상대방을 소중히 하는 모습을 보여주는 것이 우선입니다.

2) 학교 가기가 싫어요

가기 싫다는 말은 잘 적응하지 못한다는 뜻입니다. 유치원과 달리 학교는 마음대로 옮기거나 그만둘 수 없습니다. 또한 문제가 발생할 때마다 옮기면 아이는 실패의 경험을 갖게 되어 더욱 낯선 환경에 적응하기 어려워집니다.

〈 해결법 〉

(1) 친숙하게 합니다.
입학 전 등교하는 길을 함께 걸어보고, 학교의 놀이터, 운동장, 교실, 화장실, 강당 등을 돌아보면서 친숙하게 만듭니다.

(2) 긍정적인 생각이 필요합니다.
"이러면 선생님한테 혼날 거야", "친구들이 싫어할 걸", "이러다 꼴찌 하겠다" 등 학교에 대해 부정적인 생각을 심어주는 것은 금물입니다. 반면에 너무 재미있다는 환상도 좋지 않습니다. "이렇게 연습하면 학교 가서도 혼자 잘할 수 있을 거야"라며 자신감을 심어주는 것이 좋습니다.

有用信息

1．入学后经常遇到的问题和解决方法

1）跟小朋友们很难相处

不管说什么，跟小朋友们的相处问题都是首先被提出来的。不被孤立、不跟坏孩子交朋友都让家长们费尽心血。因此如果跟朋友们很难相处的话，到底要做些什么努力呢？

解决方法

> （1）父母之间首先熟悉起来
>
> 1年级的小孩子们常常在跟朋友们的交往中存在困难，因此，放学后无论是在游乐场，还是在参加学校活动时，学生妈妈之间自然而然就会熟悉起来。
>
> （2）应多鼓励孩子跟同龄的小朋友见面
>
> 如果跟同龄的小朋友常常见面但也没有办法走近的话，那么交朋友确实有一定的难度。因此在生活中练习说一下交往性的语言也是很必要的，例如：谢谢、对不起、很高兴认识你、你能借给我吗、我们分着吃吧等等。家长们应该先倾听孩子们说的话，让孩子们觉得对方非常重视他们，这是首先要做到的。

2）不愿去学校

不愿去学校就是不适应学校生活的意思。小学是跟幼儿园不同的学校，不能说不上就不上。另外，如果每一次发生问题，总是把以前孩子失败的经历拿出来当例子训斥孩子，那么对孩子们适应新环境就更没有好处了。

解决方法

> （1）建立亲密感
>
> 在入学前跟孩子一起走走上学放学的路、多多在学校的游乐场、运动场、教室、卫生间、讲堂等地方活动，建立起亲密感。
>
> （2）肯定的想法是必需的
>
> 千万不要给孩子太多关于学校的太多否定想法和语言，例如"这样的话老师会生气的"，"朋友们会讨厌你的"，"这样就成垫底儿的了！"等，相反让孩子有过多的幻想也是不好的。应该多对孩子进行培养自信感的教育，例如：如果这样练习的话，"你去学校以后自己也可以完成的！"等等。

3) 수업시간에 가만히 앉아 있지 못해요

초등학교는 40분 수업 후 10분 휴식을 갖습니다. 연습이 되어 있지 않다면 수업 시간 동안 가만히 앉아 있는 것이 아이들에게 버거울 수밖에 없습니다.

어릴 때부터 꾸준한 노력이 필요합니다.

〈 해결법 〉

(1) 방해하지 않습니다.

집중력이 부족한 아이들은 한 가지를 꾸준히 하기 어렵습니다. 때문에 한 가지 일을 시작하면 도중에 심부름을 시키거나 주위를 소란하게 만들어 방해가 되지 않게 조심하고, 끝까지 마무리 할 수 있게 격려해야 합니다.

(2) 집중력 키우는 놀이를 합니다.

'다른 그림 찾기' 등 집중력을 키워주는 놀이를 합니다. 또한 게임이나 책읽기 등 어떤 활동을 하든지 가급적 앉아서 하는 시간을 늘리도록 합니다.

4) 자신의 의사를 잘 표현하지 못해요

1학년 때는 자신의 의견을 말하고 친구들의 의견을 듣는 수업이 많이 이루어집니다. 때문에 교사나 친구들의 의견을 잘 이해하거나, 자신의 의견을 다양하고 조리 있게 말하는 연습이 필요합니다.

또한 자신의 상황이나 감정을 표현하는 데 서툴러 울거나 화를 내면 친구 관계에서도 문제가 생길 수 있으므로 자신의 의사를 정확히 표현하는 연습은 중요합니다.

〈 해결법 〉

(1) 발표 연습을 합니다.

자신의 이름, 사는 곳, 전화번호, 가족관계 등 간단한 것부터 집에서 발표하는 기회를 갖게 하며, 큰 소리로 똑똑하게 말하게 합니다.

(2) 학교생활에 대해 아이와 대화합니다.

학교에서 있었던 일에 대해 대화하는 것도 좋습니다. 이때 "○○와 오늘은 무슨 놀이를 했니?", "점심시간에는 무슨 음식을 먹었니?" 등을 구체적으로 묻습니다.

(3) 책 읽기를 합니다.

다양한 책을 접하면 이야깃거리도 늘고 논리력도 향상됩니다.

책을 읽은 후 줄거리와 주제, 느낀 점, 등장인물의 행동과 생각, 그림 등에 대해서 이야기를 나눕니다.

3）不能够安稳的坐够40分钟上课时间

小学是在40分钟的上课时间之后有10分钟的休息时间。没有很好练习的话，让孩子坐够40分钟的课堂实非易事。从小开始坚持培养这种习惯也是很重要的。

解决方法

（1）不妨碍孩子

集中力不足的孩子让他们坚持做完一件事情是有困难的。因此，要注意在孩子开始做一件事情的时候，途中不指使他再去做别的事情，以及保持周围环境的相对安静，要鼓励孩子把事情从头到尾地完成。

（2）做一些训练注意力集中的游戏

做些例如拼图等训练注意力集中的游戏。另外，在玩游戏或读书等时，尽可能延长孩子坐得住的时间也是一种很好的训练。

4）无法准确表达自己的意思

1年级的时候有很多表达自己的意见以及听取别人意见的课程。因此需要进行仔细听取老师和朋友们的意见，以及将自己的想法多样化、条理表达出来的能力的训练。

另外，在表达自身情况和自己的意思感情时，因为不熟悉而哭泣或者生气的话，也会导致跟朋友之间的难相处，因此多多练习如何正确表达自己的想法是至关重要的。

解决方法

（1）多练习发言

在家里可以多创造一些例如姓名、家庭地址、电话号码、家族关系等简单介绍的机会，让孩子大声自信地回答出来。

（2）多跟孩子谈谈学校的生活

多跟孩子谈谈学校的生活是很有好处的。这时可以问一些"和某某今天玩儿什么了？"，"午饭吃什么了"等具体的问题然后让孩子回答。

（3）多读书

多读各种各样的书，可以让孩子找到更多的话题，也可以提高孩子的逻辑能力。

读完书以后，可以让孩子们谈谈有趣的地方、主题、感想、书中人物的行动和想法、图画等等。

2. 대답하기 곤란한 질문들

엄마가 대답하기 난감한 질문일수록 아이는 더 궁금해 합니다. 왜냐하면 그 질문은 엄마 뿐 아니라 모든 사람들이 답해주기를 꺼리기 때문입니다. 이런 질문일수록 아이와 가장 가까운 엄마가 현명하게 답해줘야 아이는 호기심을 해결하고 생각을 넓혀갈 수 있습니다.

1) 꼭 제대로 답해줘야 하는 질문들에 대한 대답의 기술

아이들이 물어본 말에 무심코 답하는 것만큼 무서운 것이 없습니다. 엄마가 무심코 흘린 말 한마디가 아이의 윤리관을 형성하기 때문입니다. 아이는 부모의 인성을 물려받는 만큼 바른 인성을 가진 아이로 키우기 위해 엄마는 성의껏 제대로 답해줘야 합니다.

(1) 왜 아빠가 아니라 엄마 뱃속에서 나왔어요?

자신이 어떻게 태어났는지 잘 모르는 아이들은 대부분 생명의 근원에 관심이 많습니다. 그리고 조금씩 커갈수록 다리 밑에서 주워왔다는 식의 탄생에 대한 이야기를 듣게 되지만 정확한 과정은 잘 모르기 때문에 엉뚱하고 재밌는 질문을 하게 되는 것입니다.

답) 아기가 만들어지려면 아빠 몸속에 있는 정자 세포와 엄마 몸속에 있는 난자 세포가 만나서합쳐져야 해. 정자가 난자를 만나려면 엄마 몸속의 자궁이라는 곳에 들어가야 한단다. 이렇게 생긴 아기는 자궁속에서 자리를 잡고 탯줄을 통해 양분을 먹으며 무럭무럭 자라다가 아홉 달이 지나면 세상 밖으로 나온단다. 너도 그렇게 해서 태어난 거야.

(2) 엄마는 왜 동생을 낳지 않아요?

외동아이일수록 아이들은 자라면서 '나도 동생이 있었으면 좋겠다' 는 생각을 하게 됩니다. 이런 질문을 하는 이유는 아이들이 외로움을 느끼기 때문입니다. 부모는 아이가 친구가 부족해서 이런 질문을 한다는 사실을 인식하고 아이와 더 많이 놀아 주고 대화해야 합니다.

답) 동생이 없어서 심심하니? 그런데 안타깝게도 엄마가 동생을 낳기는 힘들 것 같아. 왜냐면 엄마, 아빠 모두 일을 해야 해서 아기를 키울 수가 없거든. 또 아이를 낳으면 지금처럼 너를 잘 돌볼 수 없게 되는데, 엄마 아빠는 너에게 모든 사랑을 쏟으며 잘 키우고 싶어, 그러니 너무 서운하게 생각하지 마. 엄마 아빠가 외롭지 않게 좀 더 열심히 놀아줄게.

2. 一些比较难以回答的问题

一些妈妈们感觉回答起来会有些难堪的问题，孩子们反而会更加的好奇。因为这样的问题不仅妈妈不爱回答，所有其他人也会选择回避不回答。因此跟孩子距离最近的妈妈如果回答的话，那么就能够很好地满足孩子的好奇心，也会使孩子的想法更加广阔。

1）回答一定要回答的问题时的技巧

如果孩子们问的问题，妈妈们只是随便应付回答，那将是件很可怕的事情。因为妈妈们无意间说的话也会影响到孩子伦理观的形成。孩子们都是时刻受父母人生影响的，为了使孩子能够拥有更好的未来和人生，妈妈们对于性有关的问题也应该照实回答。

（1）为什么我是从妈妈的肚子里，而不是从爸爸的肚子里出来的？

孩子们大都不知道自己是从哪里出来的，虽然大部分孩子都对生命的起源很感兴趣。随着孩子年龄的增长，孩子们常常听到类似宝宝是从桥下被捡回来的说法，因为实在不清楚过程是怎么样的，因此会异想天开地提出如此有意思的问题。

答案）如果要生出宝宝的话，需要爸爸身体里的精子细胞和妈妈身体里的卵子细胞结合才行，精子和卵子见面后，进入妈妈身体里面一个叫做子宫的地方。这样产生的孩子就在子宫里面找到他自己的位置，然后通过脐带来吸取妈妈的营养，就这样慢慢长大到9个月的时候就来到这个世界啦，你也是这样诞生的呢。

（2）妈妈为什么不给我生个弟弟或者妹妹？

独生子或者独生女常常在听到别的小朋友炫耀自己有兄弟姐妹时，也会想"如果我也有个弟弟或者妹妹该多好啊！"，提出这样问题是因为孩子太孤单的原因。家长们应该意识到这是因为孩子缺乏朋友所导致的，因此更应该多抽时间来陪陪孩子。

答案）没有弟弟妹妹是不是很孤单啊？但是很可惜妈妈如果生弟弟妹妹的话也会非常辛苦的。为什么呢，因为爸爸妈妈都要工作，没有时间再来照顾一个小生命了。如果再有一个孩子，爸爸妈妈就不能像现在一样好好的照顾你，爸爸妈妈想把所有的爱都给你，让你好好成长，所以不要觉得太可惜，爸爸妈妈会抽更多的时间陪你，让你觉得不寂寞。

(3) 아빠는 수염이 나는데 왜 전 안나요?

하루가 다르게 쑥쑥 자라는 아이들은 점점 자신의 신체에 대해 관심을 갖게 되고 자신과 다른 사람에 대한 호기심이 많아집니다. 아이가 이런 질문을 하면 아이가 자신의 성별 특징을 이해할 수 있도록 도와주면서 남자, 여자, 어른, 아이의 차이를 정확하게 설명해줍니다.

> 답) 아빠가 수염이 나는 것은 남자 어른이기 때문이야. 아빠도 너만 했을 땐 수염이 없었지. 그런데 열세 살 정도가 되면서 몸에 근육이 생기고 수염도 나고 목소리도 굵어졌어. 청소년이 되어 남성호르몬이 흐르기 시작했거든. 남성호르몬은 남자를 남자답게 해주기 때문에 여자 몸에는 남성호르몬이 거의 없어. 그래서 여자들은 어른이 되어도 수염이 나지 않는단다.

(4) 왜 전 치마를 입으면 안 돼요?

유아기 아이들은 성별에 대한 인식이 정확하지 않아서 위와 같은 질문을 하는 것이 지극히 정상입니다. 아이가 이런 질문을 하면 정확하게 성 역할에 대한 이야기를 해주는 것이 좋습니다. 자칫 아이에게 성 역할에 대한 고정관념을 심어주지 않도록 면박을 주는 것은 피합니다.

> 답) 남자와 여자의 옷은 서로 달라. 예전에는 남자가 치마를 입기도 했는데. 언젠가부터 남자들은 바지만 입게 됐고. 여자들은 나가 일을 하면서 바지도 입게 됐어. 지금은 바지는 남자, 여자는 다 입을 수 있지만. 치마는 여자만 입는 옷이라고 생각해. 옷은 때와 장소에 맞게 잘 입어야 하기 때문에 옷을 입을 때는 내가 남자인지 여자인지 생각하면서 입어야 해.

(5) 왜 아빠랑 결혼했어요?

보통 결혼이라는 문제에 아이들은 별 관심이 없는데 어쩌다 주위에서 결혼식을 보고나면 이런 궁금증을 갖게 됩니다. 결혼은 배우자 선택, 연애 등 설명하기가 복잡하지만 아이가 올바른 결혼관과 가족관을 가질 수 있도록 아이 눈높이에 맞춰 설명해주는 것이 좋습니다.

> 답) 사람들은 어른이 되면 서로 사랑하는 사람을 알아볼 수 있어. 그런 사람을 만나면 영원히 함께 있고 싶은 마음이 생겨서, 서로 떨어져 있으면 너무 보고 싶어지고 함께 있고 싶어져, 그래서 그 사람을 위해 맛있는 밥도 해주고, 그 사람을 닮은 아이도 낳고 싶어지게 되지, 그래서 엄마는 아빠랑 결혼을 했단다.

（3）爸爸长了胡子为什么我没有 ？

随着孩子一天一天的成长，孩子们越来越关心自己的身体，也对自己与别人的不同产生了更多的好奇。孩子们问这样的问题，应该帮助孩子去了解自身的性别特征，男人、女人、成人、孩子的差别也要正确得给孩子说明清楚。

答案）爸爸长胡子是因为爸爸是成年男人的原因。爸爸在跟你一样大的时候也是没有胡子的。但是到了13岁的时候，身体里就会长肌肉、也会长胡子、声音也会变粗。青少年的时候就会开始分泌男性荷尔蒙。男性荷尔蒙是让男人长成男人的东西，女人的身体里就很少了，所以女人即使长大也不会长胡子的。

（4）为什么我不能穿裙子？

孩子们对于性别的概念认识的不够清楚，因此提出这样的问题是很正常的。针对这样的问题，父母们最好清楚地告诉孩子关于性别的问题，不要使孩子对性的问题产生偏差的理解，也不要当面指责孩子。

答案）男人和女人的衣服是不一样的。很久很久以前男人也曾经穿过裙子，但是不知道从什么时候开始男人就只是穿裤子了，同时女人出门的时候却是可以穿裤子的。现在虽然男人和女人都可以穿裤子，但是裙子却只能是女人穿的。衣服要根据合适的场合穿合适的衣服，因此穿衣服的时候要好好考虑自己是男人还是女人，哪些是能穿的，哪些是不能穿的。

（5）为什么跟爸爸结婚呢？

一般来讲孩子们对于结婚的话题是不怎么关心的，但是偶尔周围有人结婚或者去参加过婚礼以后，常常也会有类似的问题提出。关于选择配偶、恋爱等等虽然说明起来很复杂，但为了培养孩子正确的婚姻观和家庭观，也应该按照孩子可以接受的理解水平来说解释。

答案）人成年之后都会寻找自己爱的人。遇到自己爱的人的时候，就会想永远跟他/她一起生活一辈子，如果分开的话就会彼此很想念，很想在一起，也很想给他做好吃的饭菜，也想跟他生一个孩子，所以爸爸妈妈就结婚了啊！

(6) 친구한테 뽀뽀해줘도 돼요?

아이들은 아직 윤리의식이 잘 잡혀 있지 않기 때문에 친구에게 좋아한다는 감정을 표현하는 것이 서툽니다. 아이가 이런 질문을 하면 부모는 어려서부터 다른 사람의 권리를 존중하고 동성이든,이성 이든 상대방을 먼저 배려해야 한다는 것을 알려줘야 합니다.

답) 뽀뽀는 사랑을 표현하는 하나의 방법이야. 사랑하는 사람들이나 가족끼리는 얼마든지 뽀뽀할 수 있고 외국에서는 볼과 이마에 뽀뽀하는 게 인사처럼 되어 있어. 하지만 우리나라에서는 아무한테나 뽀뽀를 하면 안 돼. 미리 반드시 허락을 받아야 해. 그렇지 않으면 상대방이 기분 나빠할 수도 있거든. 또 뽀뽀 외에도 좋아하는 마음을 표현할 방법은 많이 있단다.

(7) 아빠는 왜 거지를 안 도와주세요?

아이들은 어렸을 때부터 약자를 동정하고 도와주도록 교육받습니다. 하지만 가끔 자신이 배운 것과 현실이 다른 것을 발견하면 이를 의아해하며 이런 질문을 하게 됩니다. 이때 부모가 무정한 태도를 보이면 아이들의 마음도 차갑게 식어가므로 잘 이해시켜줘야 합니다.

답) 이 세상에는 자신의 힘으로 살아가기 힘든 사람들이 있어. 돌봐줄 부모가 없는 아이들이나 장애인 같은 경우가 그렇지. 그들을 돕는 방법에는 여러 가지가 있는데 구걸하는 사람들에게 돈을 주는 것도 그 중 하나야. 하지만 아빠는 구걸하는 사람에게 돈을 주기보다 자선단체 같은 곳에 기부해서 정말 필요한 사람들을 도와주는 것이 더 좋단다. 구걸하는 사람 중에는 일부러 아픈 척하는 사람들도 간혹 있거든.

(8) 왜 다른 사람의 물건을 가져오면 안 돼요?

아이들이 다른 사람의 물건을 가져오는 경우가 종종 있는데 이는 아이가 아직 소유에 대한 개념이 제대로 잡히지 않았기 때문. 부모들은 아이에게 남의 물건을 그냥 가져오는 행위가 얼마나 나쁜지 구체적으로 설명해줘야 합니다.

답) 모든 물건에는 다 주인이 있어. 저기 있는 장난감 버스는 네 것이고 엄마가 차고 있는 시계는 엄마 것인 것처럼. 그런데 만약 엄마가 저 버스를 말하지도 않고 동생에게 줬다고 생각해봐. 넌 네가 가지고 놀던 장난감이 없어졌으니 얼마나 속상하겠니? 마찬가지로 물건 주인이 없을 때 허락도 안 받고 가져오면 정말 속상해할 거야.

（6）我可以亲我的朋友吗？

　　孩子们现在脑子里还没有形成什么固定的伦理道德观念，因此觉得如果喜欢一个小朋友就可以亲他/她。如果孩子有如此的疑问，家长们应该从孩子小的时候开始就教育他们要尊重别人的权利，无论同性也好，异性也好，首先要照顾对方的感受。

　　答案）亲吻确实是表达爱的一种方式，对爱的人或者家庭成员之间可以互相亲吻，在外国还有的国家用在额头亲吻来表示问候的方式。但是在我们国家，不能够随便亲别人，一定要先得到允许才可以。如果不是这样，可能会使对方不高兴。除了亲吻之外，能够表达爱的方式还有很多呢。

（7）爸爸为什么不帮助乞丐？

　　孩子如果有这样的提问，是因为他们受的教育中有帮助和同情弱者的内容。但有时学的内容和现实产生一定差距时就自然会问这样的问题。这时家长们如果用无情的态度告诉孩子，那孩子的爱心也会凉了一大截。

　　答案）这个世界上确实有很多生活困难的人，有没有父母的孤儿、有身体不健全的残疾人。帮助的他们的方法也有很多，给他们钱只是其中的一种。比起给乞讨的人钱，爸爸觉得捐款给慈善团体，帮助那些真正更加需要帮助的人更好。在乞讨的人中有一部分人是假装可怜以谋求人同情的。

（8）为什么我不能拿别人的东西？

　　因为孩子们还没有建立对事物所有感的概念，因此常常有把别人的东西拿回来的情况。父母应该把随便拿别人的东西是一件多么不好的行为详细给孩子解释清楚。

　　答案）所有的物品都有它的主人。例如那里的玩具盒是你的，妈妈戴的手表是妈妈的等等。但是你想想看，如果妈妈没有说一声就把那个盒子给了弟弟，你拿着玩儿的玩具突然间没有的话，那该有多伤心啊。一样的道理，物品主人不在的时候，没有得到允许就把东西拿回来的话，那主人该有多伤心啊！

(9) 아빠는 누워서 책 읽으시는데 왜 전 안돼요?

아이들의 습관은 부모와 주변 가까운 인물들의 영향을 받습니다. 아이의 나쁜 습관은 무의식중에 부모로부터 물려받은 것. 그래서 부모로부터 배운 행동을 부모 자신이 못하게 하면 아이들은 이렇게 질문을 하게 됩니다.

> 답) 누워서 책을 보는 것은 아주 나쁜 습관이야. 누워서 책을 보면 책이 형광등 불빛을 가려서 너무 어두워지고 글자를 너무 가까기에서 보게 되기 때문이야. 그렇게 되면 눈이 나빠져서 안경을 써야 할지도 몰라.

2) 공부가 필요한 질문들에 대한 대답의 기술

아이들은 한 가지 궁금한 것에 대해 엄마가 제대로 하나만 알려주기만 해도 열 가지, 그 이상의 영역으로 관심을 확대해갑니다. 아이의 호기심에 정확하고 확실한 답으로 아이에게 사고력과 지혜를 주는 것이 좋습니다. 호기심이 많이 충족된 아이가 공부를 잘하는 아이가 됩니다.

(1) 사람은 왜 눈이 두 개밖에 없어요?

사람의 신체는 매우 오묘해서 아이들은 몸에 대해 많은 호기심을 가지고 있습니다. 아이들이 이런 질문을 하면 부모는 아이에게 인체에 대해 올바른 지식을 가지면서 자신의 몸을 더욱 사랑할 수 있도록 정확한 답변을 들려줘야 합니다.

> 답) 우리 눈이 하나일 때보다 두 개일 때 더 정확하게 잘 관찰할 수 있기 때문이야. 눈이 하나밖에 없으면 망막에서 사물을 입체적으로 받아들일 수가 없어서 제대로 보기가 어려워. 눈이 두 개가 된 것은 이처럼 망막을 통해 사물을 입체적으로 잘 보기 위해서야.

(2) 엄마, 채소 안 먹으면 안 돼요?

편식을 하는 아이에게 억지로 음식을 먹이다 보면 아이는 이런 질문을 하게 됩니다. 아이가 편식을 하면 성장에 중대한 영향을 미칠 수 있으므로 부모는 아이의 편식을 심각한 문제로 받아들이고 음식이나 조리법을 바꿔 아이가 맛있게 먹을 수 있도록 해야 합니다.

> 답) 채소에는 비타민, 무기질, 섬유질이 많이 들어 있어 우리 몸에 아주 좋거든. 비타민은 우리 몸이 활동하는 데 꼭 필요해. 몸속에 있는 찌꺼기가 밖으로 빠져나가도록 장운동을 활발하게 해줘서 변비에 안 걸리게 해주지. 그리고 섬유질은 콜레스테롤이 생기는 것을 막아준단다.

（9）爸爸可以躺着看书，为什么我不可以？

孩子的习惯受父母以及周边环境的影响很大。孩子们的坏习惯很多都是无意识的从父母那里学来的。所以从父母那儿学来的行动但是如果父母不让自己做的话，那么孩子们肯定会有这样的疑问。

答案）躺着看书是一个非常不好的习惯，因为躺着看书的时候，书把灯光遮住，光线黑暗，而且书离着眼睛太近，到时候眼睛变坏甚至要带眼镜就为时已晚了！

2）关于需要学习的问题回答时的技巧

对于孩子提出的问题，家长们如果想要准确地回答一个问题，也许就可以将关心的内容扩大十倍或者以上。针对孩子的好奇心准确、明确地回答，是培养孩子思考能力和智慧的好方法，因此好奇心强的孩子也肯定能够成为学习好的孩子。

（1）人为什么只有两只眼睛？

人类的身体是很奇妙的，因此孩子们对于身体所产生的好奇心也是很强的。针对这样的提问，家长们应该跟孩子们讲授关于人体的知识，以及教会孩子要爱惜自己的身体。

答案）我们之所以有两只眼睛，是因为两只眼睛比一只眼睛能够更准确地观察事物。如果我们只有一只眼睛的话，眼睛里的视网膜没有办法接受立体的事物，因此就不能够好好地观察一切了，因此我们长两只眼睛就是为了通过视网膜我们可以看到立体的事物。

（2）妈妈，我不吃蔬菜不行吗？

平常如果逼迫孩子吃这吃那的话，孩子们自然就会问这样的问题。孩子偏食的话，会对长身体有非常重大的影响，因此父母应该知道偏食是一个很严重的问题，因此妈妈们应该要努力多做各种食物或者尝试改变料理方法来让孩子吃好一日三餐。

答案）蔬菜里面富含各种维生素、无机物、纤维，对我们的身体非常有益处。维他命是我们的身体在活动时必须要获得的元素。无机物和纤维还能够将身体里的渣滓排泄到体外，肠运动正常进行，才不会便秘的。另外，纤维还会起到抑制我们体内胆固醇升高的作用。

(3) 왜 별은 반짝거려요?

대자연은 아이들에게 무한한 탐구의 기회를 줍니다. 대자연의 현상에서는 아이의 머리로 이해할 수 없는 것들이 많기 때문입니다. 이런 질문을 받으면 부모는 시간을 내서라도 아이에게 구체적이고 정확한 지식을 전달할 수 있도록 공부해야 합니다.

> 답) 별이 반짝거리는 건 공기가 움직이기 때문이야. 사실 하늘에는 많은 별들이 있지만 모두 반짝거리는 것은 아니란다. 지구의 대기는 바람을 타고 끊임없이 움직이는데 지구에서 멀리 떨어져 있는 별빛이 대기층을 통과할 때 별빛이 꺾여. 그 때 일순간 모였다가 흩어지는데 이때 대기 상태가 불안하면 별이 반짝거리는 거야.

(4) 이렇게 추운데 금붕어가 물속에 있어요. 춥지 않을까요?

순수한 아이들은 작은 동물을 보호하려는 마음을 가지고 있습니다. 하지만 그 정도가 겨우 본능에 머무르는 수준이므로 동물에 대한 지식을 얻고 이해하기에는 한계가 있습니다. 아이가 이런 질문을 하면 부모는 아이의 동물을 사랑하는 마음을 격려하며 제대로 된 지식을 주어야 합니다.

> 답) 물의 온도가 4℃이상이면 차가운 물과 따뜻한 물이 자리를 바꾸면서 물의 온도가 적당하게 균형을 이루게 되지. 하지만 기온이 내려가서 4℃이하가 되면 찬물이 아래로 내려가지 않고 그대로 얼음이 돼서 얼음을 보호막으로 물고기는 따뜻하게 겨울을 보낼 수 있어.

(5) 세상에는 정말로 귀신이 있어요?

경험이 부족하고 추측하는 능력이 약한 아이들은 실제 상황과 실제처럼 보이는 상황을 구분하지 못합니다. 이런 질문을 받으면 부모는 아이가 질문하는 잘 파악한 후 아이의 수준에 맞춰 합리적인 대답을 해주어야 합니다.

> 답) 세상에는 과학적으로 밝혀지지 않은 일들이 종종 일어난단다. 귀신이 있느냐, 없느냐 하는 것도 그런 문제야. 그래서 엄마도 확실히 말해줄 수는 없어. 앞으로 과학이 더욱 발전해서 이 수수께끼가 풀리길 바래. 책을 많이 읽다 보면 저절로 답을 얻게 될지도 모른단다.

（3）为什么星星是一闪一闪的？

因为大自然的现象中很多是孩子们不能理解的，正因如此大自然也就给了孩子们无限探究的机会。如果遇到这样的问题，家长们需要静下心来抽出时间把这方面的知识准确地了解一下，才能够给孩子讲得具体清楚。

答案）我们看到的星星一闪一闪的原因，是因为空气运动的结果。虽然天上有很多星星，但不是所有的都是一闪一闪的。地球大气层不断的运动，当地球外界的星光通过大气层的时候就会被隔断，大气层不停的变化运动就使得星星看上去像是一闪一闪的了！

（4）这么冷的天气，金鱼在水里不冷吗？

孩子们慢慢得就会产生对小动物的怜悯心和保护心。但是那只是他们的本能反应，他们对于有关动物的知识还是很有限的。 孩子如果提出这样的问题，父母们应该了解到这时孩子们热爱动物的心理，要给他们正确的知识才行。

答案）水的温度在4度以上的话，温水和凉水互相变换，最终稳定后会趋于均衡。但是气温降到4度以下，水的温度就不会再继续下降而是会结冰，这样冰就成了鱼的保护膜，鱼儿就会在水里温暖地生活了。

（5）世上真的有鬼吗？

经验不足，以及推测能力差的孩子们往往无法分清真实情况以及看上去像真实的情况之间的差别。父母们如果遇到孩子问这样的问题，应该好好把握之后再给出以他们的水准可以理解的答案。

答案）世上有很多用科学也解释不清楚的事情，例如有没有鬼就是其中一个，所以妈妈也不好说到底是有还是没有。以后相信随着科学的发展就会能解开这个问题的谜底了。以后你自己书读得多了，没准自然而然也就找到答案了。

3. 전문가들이 들려주는 초등학교 1학년 학부모를 위한 지침

전문가들이 들려주는 초등학교 1학년 학부모를 위한 교육 지침입니다. 1학년 아이들은 감정이 섬세하고 아직도 사고가 미완성의 시기에 있습니다. 하얀 백지 위에 어떤 그림을 그리느냐가 사물과 인간에 대한 가치관을 형성 시켜줄 수 있습니다.

1) 다른 아이와 비교하지 마십시오

비교당하는 것은 어른이든 어린이든 유쾌하지 않습니다. 하지만 상당수 엄마들은 무의식적으로 자녀들을 형제나 친구들과 비교하곤 합니다. 이런 경험을 당하는 어린이들은 자신감과 자아 존중감도 없으며 기가 죽게 됩니다. 아이를 비교하기 시작하면 아이의 장점과 특성을 발견하기 쉽지 않으므로 절대 다른 아이와 비교하지 않는 게 좋습니다.

2) 늘 긍정적으로 표현하십시오

긍정적인 언어 사용은 사람의 미래까지도 긍정적으로 만드는 힘이 있습니다. 50점을 받아온 아이에게 "50점도 점수라고 받아왔니"라는 말보다 "그래도 50점이나 맞았니?"라는 말이 아이에게 희망을 줍니다.

3) 부모 자신이 부정적인 말을 많이 사용하지 않습니다.

부정적인 말을 꼭 해야 할 때(아이의 안전, 건강, 건전한 사고가 위협 당할 때 등)를 제외하고는 가능한 한 부정적인 말을 사용하지 마세요. 아이들은 부모들을 따라 하기 마련이니까요. 또한 부모의 부정적인 말은 아이가 부정적인 사고를 하는데 영향을 미치기도 합니다.

4) 칭찬을 아끼지 마십시오

'칭찬은 고래도 춤추게 한다'는 말처럼 칭찬은 아이에게 자신감을 심어주고 새로운 일에 도전하는 용기를 주는 마술 지팡이와 같습니다.
칭찬의 마술 지팡이도 적절히 휘둘러야 합니다. 적절한 시기란 칭찬받을 만한 행동을 보일 때 입니다. 칭찬받을 행동을 했는데 칭찬해주지 않으면, 아이는 실망과 함께 자신의 행동을 대수롭지 않게 생각 할 수 있습니다.

5) 아이에게 강압적으로 명령하지 않습니다.

"넌 지금 자야 해" 등과 같은 명령조의 말은 좋지 않습니다. 부모의 명령이나 강압은 아이의 반발심을 일으켜 부정주의를 더욱 키워 주게 됩니다.

3. 专家对小学1年级父母提供的教育指南

专家们也对小学1年级的父母提供了相应的教育指南。1年级的孩子还处于感情细腻、思考不太完善的时期。就像在一张白纸上作画一样，可以充分的塑造孩子关于事物和人的价值观。

1）不要跟其他的小朋友攀比

攀比之事无论是对成人还是小朋友都不会是件愉快的事情。但是有相当一部分妈妈们无意识的将孩子和兄弟姐妹以及朋友们进行比较。常有这样经历的小朋友们常常会丧失自信心以及自我尊重感。一旦开始跟别人做比较，那么就很难发现孩子的长处和特长，所以千万不可总跟其他孩子攀比。

2）要使用肯定的表达

使用肯定语言的人平生也会用肯定的角度看待问题。如果一个孩子考了50分，与其说"50分算分吗！"，倒不如说"不管怎么说还考了50分呢啊！"，这样可以给孩子更多的希望。

3）家长们不要经常使用否定的语言

除了一定要使用否定的语言之外（威胁到孩子的安全、健康、思想健康等情况），如果可能请不要使用否定的语言，因为孩子随时会跟着父母学的。另外，如果因为父母否定的话语使孩子产生了做凡事都持否定的思想，那么后果将是不堪设想的。

4）不要吝惜您对孩子的称赞

俗话说得好"自古以来称赞就可以使人翩翩起舞"，称赞可以给孩子以信心，就好像给予面对新的事物挑战时所需勇气的魔术棒一样。

在需要称赞的时候，适时地挥舞起这个称赞的魔术棒是必要的。如果孩子们做了值得称赞的事情，但却得不到肯定的赞扬，那孩子就会很失望，也会觉得自己的行动是那么的不重要。

5）不要对孩子使用命令的语气

不要使用如"你现在给我马上去睡觉！"这样的命令语气。父母的命令和强迫常常会使孩子产生逆反心理，也会加速他们否定主义思想的形成。

6) 자기 행동에 스스로 책임지게 하십시오.

아이가 스스로 생각하고 판단해서 결정할 수 있는 기회를 자주 만들어 주십시오. 그리고 그 결과에 대해 스스로 평가하고 책임질 수 있도록 하십시오. 이런 경험이 많은 아이들은 자신의 행동에 끝까지 책임을 지려는 자세를 갖게 되고, 말과 행동이 무척 신중해집니다.

7) 친구관계는 아주 중요합니다. 관심을 가지고 살펴보십시오.

초등학교 1학년 시기는 집이라는 울타리를 벗어나 또래집단에서 놀며 재미를 느끼는 단계입니다. 따라서 친구들과 어울려 놀고 그 속에서 재미를 느낄 수 있도록 배려해 줘야 합니다. 우리 아이들의 친구 관계가 원만한지 항상 관심을 가지고 살펴보십시오. 친구 관계가 원만한 아이들은 학교생활도 능동적일 뿐 아니라 학습의욕도 높아집니다.

8) 동화 등 책을 읽어 줍니다.

어린이의 정서를 길러 주고, 마음을 풍요롭게 해 주고, 집중력을 기르는 데 동화책처럼 좋은 것은 없습니다. 특히 옛날부터 전해 내려오는 민화나 전설을 되도록 많이 들려주는 것이 바람직합니다. 지나치게 현실적이고 지식욕에 치우친 나머지 꿈이 없는 아이가 된다면 아이의 앞날을 걱정하지 않을 수 없을 것입니다.

9) 아이를 버릇없게 기르지 않습니다.

당연하다고 생각될지 모르나, 가장 지키기 힘든 요소중 하나입니다. 예를들어 아이는 자신이 사달라는 것을 다 사주지 못한다는 것을 알면서도 부모에게 다 사달라고 요구한답니다. 단지 부모의 마음을 떠보는 것이지요. 따라서 아이가 요구하는 모든 것을 들어 주어선 안되며, 그럴 필요도 없답니다.

10) 아이는 자신을 단호하게 대하는 것에 대해 두려워하지 않습니다.

오히려 아이는 우유부단하게 자신을 대하는 부모를 더 싫어할 수 있습니다. 아이는 단호한 것을 오히려 좋아한답니다. 왜냐하면 부모의 단호한 행동과 말은 아이 자신이 어떻게 행동해야 칭찬 받을 수 있는지, 혹은 부모님들이 좋아할지 배우게 됩니다.

6）让孩子对自己的行为负责

应该多给孩子一些让他们自己思考、自己做决定的机会，然后事后要对自己所做的事情评价一下好坏以及负起自己该负的责任。经常进行这样的教育，会培养孩子们自始至终在思考着自己责任的同时做事情，说话和行动也都会不自觉地慎重起来。

7）跟朋友们和睦相处很重要，因此要时刻保持对孩子的关心

小学1年级是孩子们喜欢离开自己家庭的束缚，跑到同龄的小朋友家玩儿感受趣味的年龄。因此是否能够跟朋友和睦相处，能够感受到跟同龄人在一起的快乐是家长们需要密切关注的事情。作为孩子的父母要密切注意自己的孩子是否拥有良好的朋友关系。朋友关系和睦的小朋友不仅是在学校生活中具有充分的能动性，学习的热情也会不断增高。

8）给孩子们多讲讲童话故事

论起培养修身养性、丰富孩子的性灵、培养孩子的集中能力，没有比童话书更适合的了。特别是流传了几代人的那些民间故事和传说故事更应该多讲给孩子听。但是如果只是为了让孩子获取过于现实和知识而使孩子失去了梦想，那么孩子的未来才是真正值得忧心的。

9）不要娇惯孩子

也许家长们觉得这是当然的事情，但却是家庭生活中非常难把握的一个环节。例如，孩子们明明知道不可能自己所有想要的东西都会得到，但还是跟父母提出，要父母买给自己，又或是试探父母是怎么想的也不好说。因此，孩子所有张口要的东西都给他买是绝对不行的，而且也没有这个必要。

10）孩子并不怕果断的行为

事实上反倒孩子有可能更不喜欢优柔寡断的父母。孩子们喜欢果断的事情。为什么呢，是因为父母果断的行为和话语可以让孩子学会到底什么的行动可以得到父母的赞赏，又或者让父母高兴。

11) 아이 스스로 작고 보잘 것 없는 사람이라고 느끼지 않게 합니다.

부모는 "네가 뭘 알아!"라고 아이를 보잘 것 없게 만들곤 합니다. 하지만 그러한 행동은 아이의 열등감만 불러일으킬 뿐 전혀 도움이 되지 않습니다. 아이를 소중하고 중요한 사람으로 느끼도록 대하여야 합니다.

12) 실수는 실수로 느끼게 해야 합니다.

가끔 부모는 실수를 죄로 만들곤 합니다. 그런 행위는 아이 자신이 자신은 '쓸모없는 아이'라고 생각하게 만들 수 있답니다. 실수는 실수로 끝내세요. 실수에 맞는 해결책과 그에 따른 대가를 알게 하면 될 뿐이랍니다.

13) "엄마, 아빠 미워!"라는 말에 당황하지 않습니다.

아이의 이런 말은 아이가 정말 싫어서 하는 말이 아니랍니다. 단지 부모가 아이에게 한 행동 또는 말이 아이 자신에게 미안해하기를 바라는 마음의 표현일 뿐입니다.

14) 아이의 책임은 아이 스스로가 지도록 하세요.

아이가 벌려 놓은 일을 대신 해주지 않아야 합니다. 사회에도 의무와 권리가 존재합니다. 아이에게 권리만 주고 의무는 대신해 주는 행동은 하지 않아야 합니다. 예를 들어 아이는 장난감을 어지럽히고 놀이 후에 부모가 대신 치워주면 안됩니다. 아이는 경험에 의해 배우게 되는데 치우는 경험을 박탈하지 말아야 한답니다.

15) 아주 작은 아픔을 호소하는 것에 너무 많이 신경 쓰지 않습니다.

아주 작은 아픔(미끌어지거나 넘어짐, 작은 찰과상)에 신경을 많이 쓰면 아이는 더욱 더 아픈 척을 하기 쉽답니다.

16) 불가능한 약속은 함부로 하지 않습니다.

우리의 아이들은 의외로 약속을 잘 기억하고 그 약속을 기대합니다. 무심결에 '성탄절에 사 줄게', '다음 주에 동물원 가자'라는 말로 거짓 약속을 하면 안 된답니다.
약속은 필요한 것만 하고 반드시 지키도록 합니다. 그렇지 않다면 아이는 약속의 중요성도 모르게 되고 부모를 불신하게 되며 자신을 보잘것없는 것처럼 느끼며, 기분 또한 매우 우울해진답니다. 만약, 어쩔 수 없이 약속을 못 지키게 되었다면, 잘못을 인정하고 아이에게 사과하도록 합니다

11）不要让孩子觉得自己是很渺小、很差劲儿的人

家长们的一句话"你知道什么！"可能就会让孩子觉得自己是个非常渺小的人。这样的行动，除了让孩子觉得自己很差劲儿之外并没有任何的好处。所以一定要让孩子感受到被重视，要让他知道自己是个很重要的人。

12）错误就只是错误

家长们有的时候会把孩子的错误搞得像犯罪一样。如果常有这样的事儿发生，那么孩子自身就会觉得自己是完全没有用处的人。错误就按照错误来处理，犯错误的话就找出解决的原因以及以后要注意的地方，无所谓小题大做。

13）孩子说"爸爸妈妈真讨厌！"的时候不用太在意

孩子如果说这样的话并不真的代表他就是这么想的。只是孩子们希望家长对于说过的话或者做过的事儿对自己表示歉意的一种心理表现而已。

14）让孩子慢慢学会承担责任

孩子做了一半的事情父母不要帮他们来完成。在社会中也同时存在着义务和权利，只给孩子权利，但是却为他们承担义务的做法是不可取的。例如，孩子在把玩具乱七八糟玩儿一通之后，家长帮他们收拾是不可以的。孩子们常常是通过经验来学习的，因此也不能够剥夺他们获取经验的权利。

15）如果只有些小的伤痛，不要太放在心上

如果只是一些小的疼痛（例如摔倒了、滑倒了、小的擦伤之类的），父母太过紧张的话会让孩子以后佯装疼痛来博取妈妈的关心。

16）不要承诺办不到的事情

我们的孩子其实对父母做过的承诺记忆非常深刻而且充满期待。无心地随口说说，例如"圣诞节给你买"，"下次去动物园"等但又不履行，那是不行的。

承诺只针对必须的事情，而且一旦许下承诺就一定要办到。如果做不到的话，孩子不但不会知道承诺的重要性，而且还会导致对父母的不信任，以及感到自己的不重要，而因此伤心。如果真是没有办法履行的话，就要认识到自己的错误向孩子道歉。

17) 이해와 격려, 사랑이 가장 중요합니다.

아이에 대한 이해와 행동에 대한 격려, 사랑은 그 무엇보다도 기초적이고 가장 중요합
니다.

18) 일관성 있게 아이를 대하여야 한답니다.

무엇이 되었던지 부모는 아이를 일관성 있게 대하도록 노력합니다. 일관되지 않는 것은
아이에게 혼란만을 야기 시킬 뿐이랍니다.

17）理解、激励和爱最重要

对我们的孩子给予最大程度的理解、激励和爱是比任何事情都重要的前提。

18）要以一贯性来对待孩子

不管有什么事情，家长们都要以一贯性来对待孩子。如果没有一贯性，则会使孩子感到混沌不清。

4. 우리 아이 우등생 만들기 십계명

공부도 일종의 습관이고 태도이기 때문에 어릴 때 공부 습관을 들이면 나중에 어렵지 않게 공부를 잘할 수 있다고 합니다. 아이를 우등생으로 만들기 위해서는 부모가 어떤 노력을 해야 하는지 살펴봤습니다.

1) 아이와 함께 교과서를 많이 읽어라

아이가 가장 쉽게 이해할 수 있는 낱말과 보기를 들어 교과서의 개념과 원리를 설명합니다. 아이에게 학습을 지도할 때는 늘 교과서가 우선돼야 합니다. 교과서를 정독한 뒤, 소리 내어 읽게 합니다.

2) 질문을 많이 하는 아이로 키워라

교육 잘 시키기로 유명한 유태인 부모들은 아침마다 학교 가는 아이에게 "선생님에게 질문 많이 하렴"이라고 말합니다. 질문이란 내용에 대한 이해와 생각을 바탕으로 하고 있기 때문입니다.

3) 복습보다는 예습을 중요하게 생각하라

배울 내용을 미리 공부하다 보면 자신이 모르는 것이 무엇인지 알게 되고 자신의 실력도 가늠할 수 있습니다. 모르는 부분이 있다면 보완하도록 유도합니다.

4) 오답노트는 반드시 적게 하라

오답노트를 소홀히 하는 사람치고 우등생이 드뭅니다. 틀린 문제와 이유를 기록하는 습관은 공부 방법에 대한 문제점을 찾아내는 데 도움이 됩니다. 이때 아이들 각자의 스타일을 창조해 기록하게 한다면 지루해하지 않습니다.

5) TV 시청 계획표를 만들어라

우리나라 사람들의 텔레비전 시청 시간은 하루 평균 2시간 30분. 주말이나 방학 때는 시청시간이 더 늘어나기 마련입니다. 텔레비전을 안 보게 할 수 없다면 텔레비전 시청 계획표를 짠 뒤. 그 계획표에 따라 보여줍니다.

4．让孩子成为优秀生的十条法则

学习其实就是一种习惯和态度，小的时候就培养良好的学习习惯，那么长大以后就会受用终身。下面就列举一下想让孩子成为优秀生的父母们需要做的10件事情。

1）跟孩子一起多读教科书
孩子们最容易理解的单词等都囊括在教科书中，因此应该给孩子说明教科书的概念和原理。指导孩子读书的时候，应该优先看教科书，教科书精读以后再放声朗读。

2）培养孩子常常问问题的好习惯
全世界教育最有名的民族，犹太人的父母每天早上都会对要去学校的孩子说"今天要多问老师问题"，这是因为他们时刻提醒自己提问是很重要性的原因。

3）比起复习、预习显得更重要
如果能够提前预习一下将要学习的内容，就能够确定自己不知道的内容有哪些，这样也可以估计出来自身的能力到底如何，预习对帮助孩子弥补不懂的部分大有帮助。

4）一定要建立改错本
所有成绩好的同学都有建立改错本习惯。将错误的问题和答案纪录下来的习惯对于寻找错误很有帮助。这个时候要尊重孩子，让他们按照自己特有习惯和方式去建立改错本。

5）要制定看电视的时间表
我们国家的人每天看电视的时间平均时间大概为2个半小时，周末或者放假则更长，如果实在没有办法不看电视，那么也应该制定时间表，然后按照计划严格执行。

6) 정기적으로 아이와 함께 도서관에 가라

도서관은 학교 교육이 미처 채워주지 못한 부분을 보충하는 데 더없이 좋은 공간입니다. 가족 모두 정기적으로 도서관 나들이를 해서 아이 스스로 독서 습관을 자연스럽게 들이도록 합니다.

7) 아이가 무엇을 배우는지 관심 가져라

아이가 무엇을 어떻게 배우는지 상관없이 성적에만 관심을 가질 경우 자칫 아이 인격 형성에 나쁜 영향을 미칠 수 있습니다.

8) 야단은 적게, 칭찬은 많이 하라

칭찬은 자신감 형성으로 이어집니다. 자신감이 없으면 실수가 잦아져 나중에는 의욕까지 잃어버리는 경우가 많습니다. 조금이라도 잘하는 것이 있으면 크게 칭찬하고, 실수를 했을 때는 야단치기보다 격려를 하도록 합니다.

9) 아이와 대화를 많이 하라

부모와의 대화를 통해 아이들은 논리적인 생각과 판단을 배우게 되고 그것을 표현하는 방법을 배웁니다. 정기적으로 가족간 대화 시간을 정하거나, 식사 시간을 이용해 얘기를 많이 하도록 합니다.

10) 부모가 먼저 공부하는 모습을 보여라

초등학교 아이들은 분위기에 따라 학습 효과가 크게 달라집니다. 편안하고 안정적인 집안 분위기 못지않게 늘 공부하는 분위기를 만들어주는 것이 중요합니다. 부모가 먼저 공부한다면 공부하라고 잔소리하지 않아도 아이들도 따라 합니다.

– 출처 : 초등학교 공부법(책으로 여는 미래, 조호현)에서

6）要定期带孩子去图书馆

图书馆是弥补学校教育不完备之处的最好空间。一家人都要定期的去图书馆，这样孩子们也能够自然得养成图书的好习惯。

7）关注孩子们正在学些什么

不关心孩子在学些什么，如何学习，只是关心学习成绩，这样稍有差池就会对孩子的人格形成造成不好的影响。

8）少些训斥、多些称赞

称赞能够产生自信心。如果没有自信的话，屡次犯错之后就会失去学习的热情。哪怕孩子只有一点做得很好，那也要多表扬他们；犯错误的时候，鼓励也比责备更有效。

9）多跟孩子对话

通过父母跟孩子的谈话，孩子们可以形成自己有道理的想法和判断，这也是锻炼孩子表达能力的一种方式。要将家庭成员间对话的时间确定下来，吃饭的时候也可以多多进行交谈。

10）要让孩子看到家长们也在学习

小学生的学习效果是很受自己生活氛围影响的。不只是给孩子提供安静、安全的家中环境，给孩子提供一个学习的环境也是很重要的。父母如果能够先学习的话，孩子们才能够跟着学的。

-出处：小学学习法（《用书打开的未来》， 조호현）一书

5. 내 아이, 준비된 리더로 키우기 위한 10가지 전략

1) 학년별로 친한 친구 다섯 명을 사귀게 하라
아이는 스스로 생각하고 판단하는 가운데 리더의 요건을 갖춰 나갑니다. 특히 친구를 사귀는 일은 전적으로 아이의 몫이 되어야 합니다.

2) 내 아이만의 리더십 스타일을 찾아 발전시켜라
어떤 아이든 한 가지는 남보다 잘하는 것이 있기 마련입니다.
따라서 부모는 아이가 가진 장점을 발굴해 특성에 맞는 리더십 역량을 키워줘야 합니다.

3) 매 학기 열리는 반장 선거에 꼭 내보내라
실제로 경험해 보는 것만큼 좋은 교육은 없습니다.
아이는 리더의 역할을 경험하며 끈기와 이해, 도전정신, 배려심 등 다양한 능력들을 배울 수 있습니다.

4) 자존감과 성취감을 갖도록 무리한 일이나 목표를 요구하지 말라
긍정적인 자존감은 리더에게 꼭 필요한 요소입니다.
엄마는 아이가 일상의 작은 일에서부터 자존감을 갖도록 '너는 참 소중해' 등의 말을 자주 들려줘야 합니다.

5) 원활한 의사소통 능력을 키워줘라
자신의 생각을 논리적으로 표현하고 상대의 말을 경청하는 능력이야말로 21세기 리더의 가장 중요한 요건입니다.
만일 아이의 표현이 서툴다면 평소 '왜?'라는 질문을 일상화하는 것이 좋습니다.

6) 누구에게나 적극적으로 인사를 잘하게 하라
예의 바른 인사는 모든 인간관계의 시작이며 여러 사람을 이끄는 리더의 필수 요건이다. 밝은 모습으로 예의를 갖춰 인사하면 누구에게나 호감을 줄 수 있다.

5. 让孩子成为未来领导人的10条法则

1）每个年级交5个好朋友

孩子们自行思考和判断的能力，是成为领导的最核心要素。特别要注意的是，寻找朋友的工作一定要孩子自己来完成。

2）寻找孩子特有的领导才能

每个孩子都有自己独特过人之处，因此父母们应该发掘出孩子的独特之处并培养孩子与之相符的才能。

3）一定要孩子参加每年进行的班长选举

实际上没有比经历和经验更好的教育手段了。孩子们只有尝试过当领导，才能够增强持之以恒、敢于面对挑战、以及思考周全等各种能力。

4）建立自尊心和羞耻感的概念，不要做不可能的事或设立不可能实现的目标

肯定地说，自尊心是成为领导人必须的要素。

妈妈应该从日常的小事开始教育孩子，做人要有自尊，"你是真的很重要"这样的话要常常对孩子讲。

5）培养孩子良好的表达能力

能够有理有据地表达自己的观点，并且倾听对方想法的能力是成为21世纪的领导人最重要的要素。如果孩子们的表达能力太理想的话，平时最好常常多问"为什么"，以鼓励他多说、多表达。

6）不管对谁都要积极地打招呼

有礼貌的问安和打招呼是所有人际关系的开始，也是领导众人的领导者所必需的风范。礼貌的问候所带来的健康向上的形象，无论是谁都会因此产生好感的。

7) 아이의 다양한 체험 여행을 떠나라

우물 안 개구리처럼 지낸 아이들과, 많은 것을 보고 듣고 느껴본 아이들은 사고의 폭부터 다릅니다.

세상의 다양성을 경험한 아이들은 모든 것에서 '틀림이 아닌 다름'을 인정하는 리더의 면모를 갖출 수 있습니다.

8) 대화를 통해 구체적인 비전과 꿈을 갖게 하라

리더로서의 비전과 꿈을 갖도록 엄마는 속 깊은 대화를 자주 나누며 아이의 꿈을 키워줘야 합니다. 만약 아이가 간절히 원하는 꿈이 있다면, 어떤 상황에서든 다시 일어날 수 있는 힘이 되어주기 때문입니다.

9) 다방면의 좋은 책들을 많이 읽게 하라

다양한 분야의 독서는 사고력을 향상시키고, 진정한 리더로 자라게 하는 좋은 씨 앗이 됩니다. 인격이 형성되는 학령기야말로 책을 가장 많이 읽어야 할 중요한 시기입니다.

10) 부모부터 먼저 '리더'의 모습을 보여라

부모가 자신의 생각을 표현하는 데 어려움을 겪고 있다면 아이를 탓하기 전에 부모부터 리더십 교육을 받아야 합니다.

아울러 리더십 교육은 부모의 장기적이고 꾸준한 지원이 관건임을 기억합니다.

- 출처 : 예담프렌드(내 아이의 리더십. 초등 반장 선거로 결정된다)도서 중에서

7） 多带孩子去参加多样化的体验旅行

"井底之蛙"的孩子和见过很多世面的孩子，思考问题的广度是完全不一样的。有着丰富经历，见过很多世面的孩子，会知道所有的事情"不是不对，而是不同"，这也是成为领导的重要面貌之一。

8） 通过对话让孩子有具体的蓝图和梦想

成为领导者，就应该有对未来的蓝图和梦想，常常跟妈妈进行较深层次的对话则是让孩子能够梦想成真的最好办法。如果孩子有特别希望实现的愿望，不管在任何状况下，孩子们也都会有力量去实现他们的梦想。

9） 读多方面的好书

多方面的图书可以培养孩子的思考能力，这也为成为领导埋下良好的种子。尽可能的多读书是帮助人格形成的重要的时机。

10） 先从父母身上找到"领导"的影子

父母如果能够经受得住困难，那么孩子已经从父母身上学到了领导人的才能。同时关于成为领导人的教育一定要记住，父母长期的、持之以恒的支持是最关键的。

—出处：yedam friend（≪我孩子的领导才能，我成为了小学的班长≫）一书

6. 참고사이트와 도서

첫 아이를 학교에 보내는 엄마의 머릿속은 엉킨 실타래처럼 복잡합니다. 그래도 주위에 든든한 지원군이 많습니다. 초등학교 엄마들이 참고할 만한 사이트와 책을 모았습니다.

1) 엘레맘 (www.elemom.com)

초등학교 아이를 둔 어머니들의 모임으로 학교생활에서 일어날 수 있는 다양한 문제를 그 분야의 전문가 선생님의 도움을 받아서 상담 받을 수 있습니다. 또 각 학교 학급별로 올려놓은 시간표가 있어 아이의 학급 시간표를 확인하는 데도 도움을 줍니다.

2) 자녀 지도를 위한 부모넷 (www.bumonet.or.kr)

서울시와 서울시청소년상담지원센터에서 함께 운영하는 사이트로 정부에서 지원하는 다양한 학습 관련 기관과 상담 업무에 관한 자료를 쉽게 파악할 수 있습니다.
학부모 사이의 커뮤니티를 지원하고 있어서 온라인에서 학부모끼리 쉽게 대화할 수 있습니다.

3) 초등학교 입학 전 부모 숙제 50가지 (김정애 저, 영진미디어)

저자는 현직 교사로 10년 동안 학교에서 아이들과 생활하면서 부모 세대와 달라진 학교모습에 대해 설명하고 있습니다. 앞으로 입학하는 아이들을 위해 무엇을 준비해야 하는지 친절하게 알려주며 학교생활의 실질적인 모습을 설명하기 때문에 아이의 학교생활을 이해하는데 도움을 줍니다.

4) 첫 아이 학교 보내기 (박경진 저, 보리출판사)

현재 학교 실정에 맞게 개정되어 나온 책으로 학교를 보내기 전 준비해야 할 물품부터 입학 후 아이들이 학교에 적응할 수 있도록 도와주는 방법을 친절하게 설명해주고 있습니다. 또 부모들이 걱정하는 '촌지'와 '왕따' 이야기처럼 현실적인 이야기도 실려 있어 '아이 학교 보내기 대백과' 역할을 합니다.

6．参考网站和图书

　送第一个孩子去学校的妈妈，虽然脑子里估计像乱麻一样乱，但还是可以找寻到很多实用的帮助信息。现将小学孩子的妈妈们可以参考的网站和图书罗列如下。

　1）www.elemom.com
　这是一个小学孩子的妈妈们将孩子们在学校生活中碰到的各种各样问题提出来，然后由专家来进行解答的网站。另外，每个学校各年级的时间表也被上传上来，对于家长们了解孩子的年级时间表也是很有帮助的。

　2）www.bumonet.or.kr
　这是首尔市和首尔市厅少年商谈支援中心联合运营的网站，在这里可以比较容易找到政府支持的多个跟学习有关的机关以及与他们业务相关联的材料，家长们也可以在这里在线相互交流。

　3）《小学入学前家长们的50条作业》（作者 김정애，永进媒体）
　这本书的作者作为在学校跟孩子们一起生活了１０年的小学教师，她将现今的学校面貌和父母时代很多不同的地方做了详细的对比阐述。内容中包括了为将要入学的孩子要做哪些准备以及真实的学校生活状况，对理解孩子的学校生活有一定的帮助。

　4）《送第一个孩子去学校 》 （作者 박경진，보리 出版社）
　本书根据现在学校开设的实际，用书的形式写出了从入学前需要准备的物品，一直到如何帮助孩子更好的适应学校生活的方法。另外，父母们非常担心的类似"小行贿"，"被排挤" 的事儿也用现实的角度进行了刻画，实乃一本"送孩子去学校的大百科全书"。

5) 엄마 학교 (서형숙 저, 큰솔 출판사)

저자는 자녀 교육 전문가, 아이의 눈에 맞춰 교육하고 아이와 편안하게 대화하는 방법을 쉽게 설명했습니다. 아이가 학교에 입학하기 전 알아야 할 실질적인 내용과 어떠한 교육이 진정한 교육인가에 대한 해답을 전하는 책입니다.

6) 조커 (문학과지성사)

기발한 아이디어로 아이들에게 교과서에 결코 배울 수 없는 가르침을 주는 할아버지 선생님의 이야기입니다. 새 학기가 시작되어 기대와 두려움을 새로운 담임선생님을 기다리는 아이들, 그러나 아이들 앞에 나타난 노엘 선생님은 그들의 기대를 여지없이 무너뜨립니다. 주름투성이에다가 배가 공만 하고 흰 머리가 사방으로 뻗친 할아버지 선생님이었습니다.

7) 여우네 학교가기 (강용숙 저, 꿈소담이)

뻐기기 좋아하는 아빠 여우는 아이들을 학교에 보내 훌륭하게 키우고 싶어 동물학교에 가는데, 원숭이 교장은 여우는 교활하다며 받아 줄 수 없다고 합니다. 교장에게 협박도 하고, 뇌물도 줘 보지만 아무런 소용이 없는데··· 마치 이솝 우화를 보는 듯한 재기 발랄한 한 편의 우화, 밉지 않은 교활한 여우를 통해 우리가 가져야 할 진정한 가치는 무엇인지 쉽고 재미있게 알려줍니다.

8) 첫 아이 학교보내기 (주순중 저, 보리)

첫 아이 학교 보내는 학부모는 아이보다 더 떨릴법합니다. 우리 아이가 학교 가서 공부는 잘 할까, 친구들과 잘 지낼까, 좋은 담임선생님을 만날 수 있을까, 현직 초등학교 교사 주순중씨가 쓴 이 책은 수년간 1학년 학생을 수백 명 접한 경험이기에 더 값집니다. 입학통지서 챙기고 소집일 출석하는 일부터 연필과 공책, 준비물 챙기기, 옷차림, 상-벌 같은 교실 현장의 구체적 내용이 들어 있습니다.

5)《妈妈学校》（作者 서형숙 , 큰솔出版社）

作者是子女教育的专家，这本书对符合儿童的教育方法以及跟孩子进行良好对话的方法进行了简单的阐述。也给出了孩子入学前必须要知道的事情以及什么样的教育是真正教育的答案。

6)《joker》 （文化과지성사）

用启发的观点讲出了一个孩子们在教科书中绝对不可能学到的老爷爷老师的故事。新的学期开始了，期盼着新老师的孩子们眼前，出现了一个诺埃尔（Noel）老师，这无疑对孩子是个很大的打击，这个老爷爷老师是一个满脸皱纹、肚子像气球一样圆、头发白花花的老头。

7)《狐狸去学校》 （作者 강용숙 , 꿈소담이）

喜欢趾高气昂的狐狸爸爸想把孩子送到培养优秀人才的动物学校去，但是被猴子校长以狐狸太狡猾为由而拒收。狐狸对校长又是逼迫威胁、又是贿赂，但是无济于事。看这篇富有朝气的寓言故事，就像看伊索寓言一样，通过这个不令人讨厌的狡猾的狐狸，我们可以简明、有趣地了解到真正应该拥有的东西是什么。

8)《送第一个孩子去学校 》 （作者 주순중, 보리 出版社）

送第一个孩子去学校的家长们往往比孩子们还紧张。这本书是由现在小学教师 주순중 汇集了历年来1年级的100多名学生的经验写出的。主要介绍了孩子去学校以后学习怎么样、跟朋友如何相处、能否遇到好老师等内容。由入学通知书的保管、召集日出勤日开始，到铅笔、本子、准备物品的准备，穿戴、赏罚教室的现况等具体内容构成。

9) 아이의 인생은 초등학교에 달려 있다 (신의진, 중앙M&B)

엄마만 찾는 아이, 스스로 할 줄 모르는 아이, 공부하기 싫어하는 아이, 아이가 초등학교에 입학했을 때 흔히 보이는 증상입니다. 저자는 그 까닭으로 아이에게 요구하는 어른들의 '기대치'가 너무 높기 때문이라고 말합니다. 아이에게 초등학교는 새로운 세상이며 적응할 시간이 필요한데도 부모의 기대는 계속됩니다. 아이에게 중요한 것은 세상을 좋아하게끔 하는 일이라고 합니다. 그래야만 학업과 학교생활을 즐길 수 있기 때문입니다.

10) 학교 안 갈 거야 (토니 로스 저, 베틀북)

학교 처음 가는 아이, 이 아이는 학교에 대한 두려움이 가득합니다. 학교가 아마무서운 괴물로 심리 속에 자리 잡았을 거예요. 엄마는 아이와 옥신각신하며 학교의 좋은 점에 대해 이야기하며 아이를 달립니다. 하지만 막상 학교를 간 아이는 새로운 친구를 사귀어 학교에 점차 적응을 합니다.

11) 우리 아이 꼭 시리즈 (중앙M&B)

'우리 아이 꼭 시리즈 ⑦초등학교 1학년' 편에서는 학교 일과, 교과서 구성, 선생님과의 관계, 알림장 관리, 체험학습 신청, 학습지 선택 등의 고민에 대해 하나하나 답을 풀어나가고 있습니다. 구체적인 사례를 통해 생활 잘하게 만드는 다섯 가지 적응 훈련법을 제시하고 있습니다.

12) 칠판 앞에 나가기 싫어 (다니엘 포세트 저, 비룡소)

목요일만 되면 선생님이 칠판 앞으로 불러 구구단을 외우게 할까봐 배가 아픈 에르만, 그러던 에르만이 어느 날 스스로 칠판 앞으로 나가 구구단을 외우는 기적이 일어나는데...발표하기를 싫어하는 아이의 심리가 아주 잘 그려져 있고 그것을 극복하는 과정이 따뜻하게 전개됩니다.

13) 선생님이 꼼꼼하게 알려주는 초등 1학년 365일 (이현진 저, 위즈덤하우스)

새내기 학부모들을 위한 입학 준비 노하우와 학교생활의 모든 것이 담겨 있습니다. 내 아이 1등 만드는 초등 1학년 완벽 가이드라고 할 수 있는 책 속에서는 현직 초등학교 교사가 구체적인 사례를 통해 꼼꼼하게 일러주고 있어, 입학 준비부터 겨울방학까지 초등 1학년을 알차게 준비할 수 있게 해줍니다.

9) 《孩子的人生寄托于小学》 （作者 신의진, 中央M&B）

只会找妈妈，什么都不会做，不爱学习，这些都是孩子刚入小学时常常听到的抱怨，其时这主要是因为家长们对孩子的"期待值"过高的原因。小学对于孩子来讲是一个崭新的环境、崭新的世界，孩子需要时间去适应，但父母们却一直对孩子期待满满。对孩子来讲更重要的是要喜欢上这个世界的事物，只有这样才能在学业有成、学习生活愉快。

10) 《不去学校吗？》（作者 Tony Ross, betterbooks 出版）

初次去学校的孩子会对学校充满恐惧，孩子们觉得学校就是一个可怕的怪物。在妈妈跟孩子无数次讲过学校的好处之后，孩子会慢慢地对学校的态度有所改善。但是孩子一去学校就要认识新的朋友，这也需要一个逐渐适应的过程。

11) 《我们的孩子系列丛书》（中央 M&B）

《我们的孩子系列丛书⑦ 小学1年级》中，对学校作息、教科书组成、和老师的关系、通知书管理、体验学习申请、辅导教材选择等事项一条一条做了清晰的解释。通过具体的事例提出了如何才能更好地进行学校生活的五点适应训练法。

12) 《我不愿意站到黑板前去！》（作者 Danielle fossette，BIR出版社）

每到周四，想到老师把自己叫到黑板前去背诵小九九就肚子疼的 Erman（人名），突然某一天，他可以自己站在黑板前背诵小九九的奇迹发生了！这本书把孩子不愿意发言的心理刻画得淋漓尽致，除此之外也展示给读者如何克服此问题的方法和过程。

13) 《老师仔细讲述的小学1年级365天》（作者 이현진, wisdomhouse出版）

本书囊括了为全世界父母们提供的入学准备诀窍和有关学校生活的所有事情。书中通过小学教师列举的具体事例，指导家长如何使孩子成为小学1年级的优等生。此外这本书还包含了如何准备从入学前到放寒假全过程的内容。

14) 지각 대장 존 (존 버닝햄 저, 비룡소)

지각대장 존은 영국의 그림 작가 존 버닝햄의 작품입니다. 맨 날 존이 늦는 이유는 다양합니다. 사자를 만나기도 하고 악어를 만나기도 하는 존은 학교 가는 길이 결코 쉽지 않습니다. 그나마 도착한 학교에서 존은 늘 사자나 악어보다 무서운 선생님을 만나게 됩니다. 선생님은 왜 존을 믿지 못하는 것일까요?

14）迟到大王约翰（ 约翰伯明翰， BIR出版社）

迟到大王约翰是英国图片作家约翰 伯明翰的作品。约翰每天迟到的理由都千变万化，有的时候是遇到狮子、有的时候是遇到鳄鱼、约翰上学的路途真是风险重重。其实每天迟到的约翰比起狮子、鳄鱼来，其实更害怕的是见到可怕的老师。为什么老师不相信约翰的话呢？